中公クラシックス J70

和辻哲郎

新編 国民統合の象徴

中央公論新社

目次

国民統合の象徴

中公クラシックス版増補

佐々木惣一著作

和辻哲郎著作

日本国憲法における「象徴」——和辻哲郎と佐々木惣一

苅部 直

一

和辻哲郎は、随筆集『面とペルソナ』（一九三七年）のあとがきで、「関東大震災の折に、些か感ずる所あつて、書かないで済むものは一切書くまいと決意した」と回想している。もちろん、哲学者としての主著である『倫理学』（一九三七年～一九四九年）など、それ以後に発表したアカデミックな論考からも、同時代の政治・経済・社会に対する批判の含意を読み取ることは不可能ではない。しかし著作目録を見ると、たしかに一九二四（大正十三）年以降には、政治や社会をめぐる時事評論を発表しなくなっている。

大震災の前、大正期の和辻は、人格主義や日本文化史の論考だけでなく、大正デモクラシーの論客としても華々しく活躍していた。それが学問的な著作へと集中するようになったのである。

その過程は拙著『光の領国　和辻哲郎』（創文社、一九九五年。のち岩波現代文庫、二〇一〇年）で詳しく分析したところであるが、外部環境の変化としては、一九二五（大正十四）年三月に京都帝国大学文学部講師に着任し、京都に移り住んで本格的な学究生活に入ったことが、大きく働いているだろう。のち助教授、教授に昇任し、一九三四（昭和九）年七月に東京帝国大学文学部へ移る。

そうした事情を考えると、この中公クラシックス版の原型である『国民統合の象徴』（勁草書房、一九四八年十一月刊）は、和辻の昭和期の著作としては異例に属する。この書物は、大日本帝国憲法の改正・日本国憲法の制定という、日本の近代史を二分する大事件をめぐる考察を主に収めている。しかもその多くを占めるのは、憲法学者、佐々木惣一（一八七九・明治十二年～一九六五・昭和四十年）との論争文である。本書では、佐々木の論文と、和辻が晩年に発表した論文「日本古来の伝統と明治維新後の歪曲について」とを追加収録して「新編」とした。

初版『国民統合の象徴』の版元である勁草書房は刊行と同じ年の四月に発足したばかりで、八冊めの刊行書であった。原書の巻末にある刊行書目・近刊書の一覧を見ると、尾高朝雄《ともお》、宮澤俊義、末川博など法学者による著書・教科書が大半を占める。倫理学者の仕事ではなく、新憲法成立と日本の体制転換をめぐる和辻の見解を広く伝える本として、企画されたことがわかる。勁草書房は、金沢の百貨店「大和《だいわ》」の社長、井村徳二が出資し、和辻の序文に名前が登場する逸見《いつみ》俊吾《しゅんご》を編集主幹として発足していた。

逸見は早稲田大学法学部を卒業した人物で、終戦直後には石川・富山両県の学生有志を集めて「加越能青年文化連盟」を結成し、安倍能成・南原繁・湯川秀樹といった知識人を呼んで講演させる「民主大学講座」を運営していた。その手腕に井村が注目し、東京の銀座にある「大和」支店の建物の一角を提供して、勁草書房の経営にあたらせたのである（北国新聞社出版局編『石川の戦後50年』北国新聞社、一九九五年）。当時は鎌倉アカデミアや庶民大学三島分校など、各地で青年たちによる自主講座活動が盛んになっていた。そうした草の根のデモクラシーの空気のなかで勁草書房は発足し、『国民統合の象徴』もまた、その青年たちにむけた学習書・教養書として企画されたのであろう。

しかし皮肉なことに、この書物はむしろ保守派の論客という和辻の印象を、戦後社会のなかで決定づけてしまう。一九四五（昭和二十）年十月、連合国軍最高司令官総司令部（GHQ）の人権指令に基づき、日本共産党の幹部たちが釈放され、声明「人民に訴う」において「天皇制の打倒」と「人民共和政府の樹立」を方針として掲げた。ここからメディアの論調は一挙に左傾化し、批判の対象としての「天皇制」という共産党用語が、盛んに使われるようになる。「国民全体性の表現者」で和辻自身もふれるように、同じ年の末には「天皇制打倒論の急激に高まってくるころ」という状況になっていたのである。

そのなかで皇室制度の維持を主張し、新憲法第一条の「象徴」制度を積極的に支持した和辻は、戦時中の著書『日本の臣道・アメリカの国民性』（筑摩書房・戦時国民文庫、一九四四年）の悪い印象とも重なって、右派知識人として攻撃されるようになった。東京帝国大学文学部の同僚であった心理学者、高木貞二の回想によれば、戦争協力者である和辻を追放せよという投書が、大学に殺到していたという（湯浅泰雄『和辻哲郎——近代日本哲学の運命』ちくま学芸文庫、一九九五年）。

二

本書を読む順序としては、目次の配列にこだわらず、まず「日本古来の伝統と明治維新後の歪曲について」を読み、次に「祭政一致と思慮の政治」に進むのが、皇室制度をめぐる和辻の思想にふれるためには、適切であろう。

「日本古来の伝統と明治維新後の歪曲について」は、筑摩書房から刊行された『講座　現代倫理　第十一巻　転換期の倫理思想（日本）』（一九五九年一月）に「特別寄稿」として発表された。執筆者のうち、唐木順三が中心になって企画・編集した巻と思われ、石母田正「古代末期の貴族精神」、丸山眞男「開国」、藤田省三「大正デモクラシー精神の一側面——近代日本思想史における普遍者の形成とその崩壊」といった、のちに有名になった諸論考と並んでいる。思想史・文化史に関する和辻の論文としては最後の作品である。

当時はサンフランシスコ平和条約による日本の独立をうけて、保守政党、右翼、神社関係者、旧職業軍人などが紀元節の復活運動を始め、すでに一九五七（昭和三十二）年と翌年の二回、復活法案が国会に議員提出されていた。この動向を和辻は批判し、紀元節と日本紀元の紀年法とが、明治時代に「維新政府」の創出したもので、「それ以前千数百年にわたる日本の伝統」とは異なると指摘する。さらに近代における天皇像の軍事化（「将軍化」）も、「最高のみやびの場所としての内裏」という、「日本の民衆」が長らく抱いてきた天皇像を歪曲したものだと論じる。ここで和辻は明確に、近代に創られた擬似「伝統」を批判する立場を示しているのである。

この論文の末尾では、スメラミコトに「天皇」という漢字による称号を新設した時に、「天に則って統治する」という、儒学による「天子」としての君主の概念が入りこみ、権力（実力）ではなく「徳」によって統治するのが、皇室の継続とともに伝えられた理想だという理解を示している。こうした政治的正義の伝統を日本思想史に見いだす発想は、論文「人倫的国家の理想とその伝統」（一九四一年）、さらに著書『日本倫理思想史』（一九五二年）で体系的に示されているが、それを初めて提示した作品が「祭政一致と思慮の政治」にほかならない。

これは岩波書店の雑誌『思想』の一九三七（昭和十二）年十月号の特集「政治の哲学」に掲載されたものである。和辻の論文と並んで、高坂正顕・清水幾太郎・長谷川如是閑といった顔ぶれが並んでいるが、二十歳代、三十歳代の若手として、和辻の娘婿であった社会学者、尾高邦雄と、帝国憲法における「統治権」の解釈をめぐって佐々木惣一と対決した公法学者、黒田覚《さとる》も寄稿しているのが興味ぶかい。支那事変の勃発の直後に刊行されているが、その前にすでに立てられていた企画と思われる。

論文「祭政一致と思慮の政治」の内容は、同時代の政治権力に対する鋭い批判を含んでいた。戦後、『国民統合の象徴』に再録したさいの付記で、和辻はその執筆経緯を語っているが、そこで「平沼内閣」とあるのは、正しくはこの年の二月に成立した林銑十郎内閣。陸軍大将を首相とし、政党員を含まず、内閣政綱に「祭政一致」を掲げて成立した。この内閣は議会からの猛烈な反発を受け、わずか四か月で退任。代わって六月に近衛文麿内閣（第一次）が成立した直後に書かれた論文である。

天皇による委任をうけ、正義を実現するための「思慮」に従事する「為政者」の役割と、「集議」の尊重とが「神代史」の物語から発する伝統だと説く論調に、新内閣のもとでの議会勢力の復権と、軍部の抑制への期待を読みとることができる。冒頭にある「祭政一致は我国の古い伝統であるが、」という語句は、初出誌では「祭政一致は我国に於ては今なほ生ける伝統であつて、過去の或時代にのみ存した現象といふわけではない。」となっていた。総司令部による「神道指令」（一九四五年十二月）が、国家が神社神道を保護・監督する制度を解体した事実をうけた改訂であろう。

三

一九四五（昭和二十）年八月、日本が連合国によるポツダム宣言を受諾して、大東亜戦争は終結した。この文書の求めるとおり、「日本国国民ノ自由ニ表明セル意思」に基づいて、民主的な「責任アル政府」を作ることを日本政府は迫られ、やがて総司令部による原案に基づいて大日本帝国憲法の改正案を作成することになる。

その草案要綱が翌年三月六日に発表されたが、それは第一条で「日本国民至高ノ総意（総司令部案では will）」と記して主権が国民にあると規定し、その趣旨は帝国議会での審議を通じ、「日本国民の総意」に「主権」が存すると明確にされた。そして天皇は、草案要綱から一貫して「日本国」および「日本国民統合」の「象徴」であると規定し直されている。こうして成立した「日本国憲法」は十一月に公布され、半年後の四七年五月三日に施行された。大日本帝国憲法第四条で国家の「統治権ヲ総攬」する主体と規定されていた天皇は、大権を失ない、国民主権のもとでの「象徴」となった。

ポツダム宣言に基づく国家体制の民主化のもとで、天皇の位置をどう定めるか。日本国憲法における「象徴」規定をどう理解するか。新たな皇室制度は、日本の伝統といかなる関係にあるのか。本書に収録した文章の多くは、こうした問題をめぐる和辻の見解と、佐々木惣一との間に闘わされた論争を記録したものである。執筆順に示すと、以下のようになる（和辻の文章については著者名を略す）。論文1の表題は、和辻家所蔵の自筆原稿による（『和辻哲郎全集』第二十四巻、岩波書店、一九九一年の「著作年表」における記載）。なおこの中公クラシックス版は常用漢字体を用いるのを原則としているが、「國體」の語についてはどうも迫力が出ないので、解説においては原文の正字体のままで記すことにする。

1 「封建思想と神道の教義」(一九四五年十一月執筆、『世界』四六年一月号に掲載)

2 「天皇は国民の総意の表現である」(一九四五年十二月執筆、同盟通信社が地方紙に配信、『北国毎日新聞』四六年一月七日などに掲載。「国民全体性の表現者」に全文が引用されている。本書一七〜二〇頁)

3 佐々木惣一「國體は変更する」(『世界文化』一九四六年十一・十二月合併号)

4 「國體変更論について佐々木博士の教を乞ふ」(『世界』一九四七年三月号)

5 佐々木惣一「國體の問題の諸論点——和辻教授に答う」(『季刊法律学』第四号、一九四八年六月)

6 「國體変更論についての佐々木博士の教示をよむ」(『表現』一九四八年十月号。『国民統合の象徴』への再録にさいし改題)

7 「国民全体性の表現者」(和辻『国民統合の象徴』、一九四八年十一月)

8 佐々木惣一「国家的象徴」(佐々木『天皇の国家的象徴性』甲文社、一九四九年十二月。同書は論文3、5、8、9を収録したもので、のちに佐々木『憲法学論文選』二、有斐閣、一九五七年一月に再録)

9　佐々木惣一「和辻博士再論読後の感」（同上）

先にふれた、徳田球一・志賀義雄ら「日本共産党出獄同志」による一九四五年十月十日の声明「人民に訴う」は、帝国憲法が定めた統治体制としての「天皇制」を、「日本における民主々義革命」のために打倒すべきだと説く。そこで「天皇制」の特徴の一つとして最初に掲げるのは「永い間の封建的イデオロギーに基く暴悪な軍事警察的圧制」にほかならない。さらに同年の十一月十一日に発表された日本共産党による改憲案「新憲法の骨子」は、第一条で「主権は人民に在り」と明確に宣言する。そうして言論界に広がりつつあった「天皇制」論に対し、和辻が批判を試みたのが論文1、2である。論文1は「神道指令」の発布の前、論文2も一九四六年元日の昭和天皇による年頭詔書、天皇を「現御神《あきつみかみ》」とみなす「架空ナル観念」を否定したいわゆる人間宣言よりも前に執筆していることに注意したい。

軍事や武力と結びついた「忠君」のイデオロギーは、近代の「国民」の一体感に基づいたナショナリズムとは異なること。日本においては古代王権のもとで「国民の統一」が成立し、その一体性を「表現」（新憲法の登場ののちは「象徴」）するものとして、天皇が尊崇されてきたこと。摂関政治や武家政権の時代には、国家の権力を行使するのは時の為政者だったが、「民衆」の天皇に対する尊崇の感情は持続し、天皇からの形式上の委任を受けて統治するかぎり、為政者は「国民の総意」――論文7ではこれを、ジャン＝ジャック・ルソーが『社会契約論』で示した一般意志のような概念として説明している――を読み取って実行するのが理想と考えられてきたこと。和辻が大正期の日本文化史やデモクラシー論、さらに昭和期の日本倫理思想史の研究で展開してきた議論のエッセンスが、論文1、2でまず示されている。

佐々木惣一は和辻よりも十歳上で、戦前に京都帝国大学法学部教授を務めた大家である。瀧川事件にさいして京大教授の地位を逐われたが、終戦直後には、内大臣府における憲法改正の作業にかかわり、日本国憲法の国会審議にも貴族院議員として加わった。論文3で説くように、ポツダム宣言の求める民主化は、帝国憲法を大幅に改正して政府諸機関の制度を変更すれば十分に実行できるので、「統治権総攬者」としての天皇の地位や、条文の体系を変える必要はないというのが持論だった。

論文5、9がふれるところであるが、天皇を「統治権総攬者」とする帝国憲法の規定は、「わが国の国家の初」から定まっていた、不文の「根本法」に基づくと佐々木は考えていた。したがって、日本国が国家の形をとるかぎり、「統治権総攬者」を変更もしくは廃止することは憲法の改正の限界をこえており、不可能なはずなのである。しかし、新しい憲法は「統治権」の概念を用いず、「国民の総意」が「主権」をもつと規定した。貴族院の帝国憲法改正特別委員会（四六年九月二日）での質問演説で佐々木は、「或方面」からの「注文」と、総司令部による原案の押しつけをほのめかしてもいた。穂積八束以来、日本の公法学者が理論化してきた概念を用いるなら、これは「國體」が変わったと呼ぶほかはない。国会での憲法審議において、政府が「國體」

が革まったと言うのを避け続けたので、佐々木は憲法の公布にあわせて論文5を発表し、その意味を明確にしようと試みたのである。

これに対して和辻は、岩波書店が創刊した雑誌『世界』の第一号に論文4を発表し、佐々木が「國體」概念を使って議論することを批判するとともに、「国民統合の象徴」という新憲法の規定は、先にふれたような「日本国民」の伝統的な意識に則していると論じた。和辻は若い日から、明治末期に井上哲次郎が唱えたような国民道徳論に反感を表明し、のちに『日本倫理思想史』でも、これを絶対的な「忠君」を「臣民」の全員に要求する「國體論」として批判している。帝国憲法にも新憲法にもない「國體」の語を用いて議論することに、まずは強い違和感を抱いたのであろう。

しかし、佐々木が反論でとまどいを表明しているように、これは言いがかりに近い。佐々木が論文5で議論したのは、あくまでも憲法理論・法制史において「統治権」の主体もしくは総攬者を示すための、「政治の様式より見た國體の概念」であり、和辻の批判する「國體論」が唱えたような倫理・道徳ではない。しかも、従来の一般国民の意識において、天皇に対する愛着が歴史を通じて存続してきたことは、佐々木も事実として認め、積極的に評価している。そもそも和辻自身、論文1では「國體」の言葉を使っている。

和辻に批判の筆をとらせた原因の一つは、憲法改正草案要綱で突然に登場した「象徴」の言葉に、佐々木がとまどい——驚いたのは佐々木だけには限らなかった事情が、論文8に詳しく記されている――論文5では「法的意味を持つものでない」と意味の解釈を放棄してしまったことにあるのではないか。拙著『光の領国　和辻哲郎』で解明したように、「象徴」はもともと文学・美学上の概念として、青年時代における和辻の思想のキイワードであった。「もし象徴の概念が在来の法学に欠けているならば、この概念を久しく取り扱って来た哲学から取りこめばよいであろう」（論文4）という語りは、そうした思考の道筋を想像させる。この場合、フリートリヒ・T・フィシャー、ヨハンネス・フォルケルトといった、十九世紀から二十世紀初頭のドイツの美学者の理論が念頭にあるのだろう。和辻の理解では、帝国憲法の運用の実態から見れば、「天皇の本質的意義」に関して新旧両憲法のあいだに違いはない。条文の表現としては新憲法の「国民統合の象徴」の方が、より日本の伝統に則している。

四

論文2に対しては、当時第四高等学校教授を務めていた哲学者、安藤孝行《たかつら》が、批判の文章――京大哲学科を卒業しているので和辻のことを「旧師」と記す――を『北国毎日新聞』に投稿した（四六年一月七日、十二日の執筆日付がある）。それを再録した著書『絶対自力の哲学』（金沢・東西文庫、一九四八年四月）を和辻が読み、反論を試みたものが論文6である。

安藤による批判の論旨は論文6で略述されているが、二つの点を補足したい。安藤は昭和天皇の年頭詔書にふれて、「政治的自由が与へられ、天皇が親しく国民に呼びかけられる今日においても、未だ真実の思想の自由といふものは獲得されてゐない」（傍点原文）と記す。これはあるいは総司令部による言論統制に対する批判をほのめかしているのかもしれないが、この指摘に対する和辻の反論は、日本の「民衆」は古代から自発的に、天皇に「国民的な統一の表現を見ていた」と楽観的で、今後も日本国民は天皇に対する愛着を捨てることはないと信じているかのようである。これも「象徴」の語が新憲法で使われた事実が和辻の心理にもたらした効果だろうか。

また、安藤は「ただちに天皇制の打破を叫ぶものではない」と言いながらも、天皇の世襲を認めるのは、「次世代の国民の総意を束縛」することになるので、国民主権の原理とは相容れないとした。これに対する和辻の反論が興味ぶかい。「全体意志の表現者」は、その国の「歴史的伝統や国民の性格」によって異なるのであり、選挙で選ばれた大統領がその役目をはたす場合もあるだろう。しかし、日本のように「民衆の信頼や尊敬を集める政治家の少ないところでは」、世襲の天皇を存置した方がいい。

さらに論文7の別の箇所で和辻は、現代のデモクラシーでは「全体意志の決定」は「投票や選挙や議決による」と指摘しながら、戦前の日本で普通選挙が行われても、軍部の専横を防げなかったことにふれ、戦後の新憲法のもとで、少数の左翼勢力が「その意志を多数者の意志として擬装」することで人気を集め、権力を独占する危険性を説いている。権力者による恣意的な支配を排除し、その政治が本当に「全体意志」を実現するものなのかどうか、絶えず吟味することを、政治家と国民の双方に求める装置。そうした機能を重視する和辻の皇室論は、「尊皇思想」「皇室尊崇」といった言葉づかいが連想させる温かな感情に根ざすものではない。きわめて冷徹な制度構想なのである。

（東京大学教授・日本政治思想史）

国民統合の象徴

序

ここに集めた五篇の論文は、すべて日本における天皇の存在がいかなる意義を担っているかにかかわっている。日本憲法の用語をかりて書題としたのはその故である。しかしその中の「統合」という言葉は、わたくしのこれまで曾《かつ》て用いたことのないものである。われわれの学問において unity を云い現わす言葉は「統一」であって統合ではなかった。この用語例が既に半世紀以上行われて来たにかかわらず、今更突如として統合と云いかえられること、また云いかえられ得ることは、日本文化の悲劇の一環であるといえよう。これまで統合を術語として用いていたのは教育学であって、そこでは Konzentration に当る言葉であった。しかし日本国民の代表者たちが集まって unity を統合と云い現わしたのである以上、個人としてそれを好まなくとも、用いないわけには行かない。われわれのなすべきことは、この統合という新語のうちに出来るだけ unity の意味を生かせることであろう。

五篇のうち四篇は戦後三年の間に雑誌に掲載したものであるが、同時にそれらはこの期間にわたくしが時事に連関して執筆した論文の全部である。しかもその半分はこの春以来勁草書房の逸見俊吾君の推進力によって書かされたものである。最初同君が、拙著の刊行について話を持ちかけて来たときには、曾て『世界』に掲載した二つの論文（『封建思想と神道の教義』『国体変更論について佐々木博士の教えを乞う』）と、十年前に『思想』に掲載し、その後短論集へ収録洩れとなっていた短論一篇（『祭政一致と思慮の政治』）とがあるのみで到底一冊の書物とすることが出来ず、その旨を述べて断わったのであったが、やがて間もなく同君は安藤孝行氏の著書『絶対自力の哲学』を携えて現われ、二年来わたくしの念頭から去っていた論争の責任を思い起させた。その結果としてわたくしは、『国民全体性の表現者』を書かざるを得なくなった。やがてまた同君は『季刊法律学』第四号がまだ書肆の店頭に現われないうちに、逸早くそれを携えて現われ、それによってもまた一年来わたくしの念頭から去っていた問題に火をつけた。それがちょうど暑中休暇の近づいた頃であった。佐々木老博士から幼稚なわたくしの質問に対して実に詳細を極めた教示を受けたのであるから、わたくしとしても質問者としての礼をつくさなくてはならぬ。でわたくしは前の論文に引きつづいてそれを書いた。こうしてこの書が出来あがったのである。

昭和二十三年九月

著者

封建思想と神道の教義

日本に於《お》ける天皇統治の伝統は、中世以来の封建制度及び神道の教義と本質的な連関を有するものではない。その間に連関をつけたのはそれぞれ歴史的情勢によって惹き起された解釈に過ぎぬのであるから、それらの解釈を捨てても天皇統治の伝統は失われはしない。否むしろそれによって天皇統治の本質的な意義が明かとなるであろう。

先ず初めに天皇統治の伝統と封建制度との関係を考察する。

日本に於ける封建制度は武士或は武家の出現以後に形成せられたものであるが、その武士の出現こそ大化改新以来の整備せる法治制度を漸次内部より麻痺せしめたものにほかならぬのである。天皇が即位毎に『法による統治』を宣言せられた時代には、武力による統治は全然行われなかった。然《しか》るに武士はその武力によって漸次政権を把握し、遂に武力を基礎とする封建制度を樹立するに至ったのである。この間の歴史が最も簡潔に、また最も正確に叙述せられているのは、ほかならぬ軍人勅諭であろう。

武士出現の径路は大化改新に於て樹立せられた土地国有制度の崩壊過程に相即する。国有制度に伴う生産の不活発を克服するために、政府は開墾奨励の政策の中に幾分かずつ私有制度を加味したのであったが、その方針は幾度かの動揺を経つつ、遂に開墾田の私有に落ちついて行った。かくして庄園が、即ち国衙使不入の地が成立したのである。これは云わば治外法権の地であるから、国家の統制を受けないと共にまた国家の保護をも受けなかった。ここに自衛のための武力が発生し始めたのである。従って武士と土地領有とは初めから結びついた現象と云わなくてはならぬ。

尤《もっと》もこの形勢を阻止しなかった責任は当時の朝廷の政治家にある。藤原氏を初め、政治の衝に当った貴族は、自らもこの庄園経営に没頭したのであった。しかし貴族たちは武力を必要とせず、法による統治の権威を私有地経営に利用し得たのである。二世紀に亘《わた》って一つの内乱もなく外患もなかった当時の平和な日本では、それほどに文治が力を持っていたのであった。然るに二世紀ぶりで天慶の乱（九三九）が起ってみると、それを鎮定し得るのは国家の軍隊ではなくして武士の武力であることが暴露された。この事態は前九年（一〇五六―一〇六四）後三年（一〇八五―一〇八七）の内乱に於いて確定的となったと云ってよい。

かくして国家の秩序を維持し得る実力を証明した武士の団体は、初めより戦友団体としてではなく主従関係による団体として形成されたものであった。それは武士団体の統率者が源氏平氏という如く高貴な家柄の出であったことにもよるが、また形成途上に於ける恩愛関係にもよるであろう。その代表的なものは乳母子《めのとご》の現象に見られる恩愛の遺伝である。親の世代における主従関係は、子の世代に於て乳兄弟としての切実な情愛を伴ないつつ継続される。従って『三代相恩の主君に身命を捨てて仕える』という関係は、単なる形式ではなく実質的な体験内容を担っていたのである。しかしこの関係を枢軸とする武士団体は、あくまでも私党であって、国家の保護に任ずる国家の軍隊なのではない。武士が政権を把握し武家政治を樹立するに至るまでの次々の内乱はこのことを明かに示している。彼らは国内に於ける党争を武力によって遂行し、その党争の勝利者が武力によって政治を行い始めたのである。かかる武家政治が法による統治を伝統とする我国体に戻ることとは言うまでもない。従って武士に於ける君臣関係や『忠君』などは、全体として国体に戻る現象の中の一要素に過ぎぬのである。

尤も武家政治は一朝にして完成したのではない。鎌倉幕府の政治は云わば源氏一家内の家人の統制であって、日本国の政治ではない。公家の政治は武家のそれと並行して存している。武士の権限は明白に制限せられて居り、武士の受けた封地もあまり大きいものではない。然るに室町時代に至って、武士の封地は広大となり、分国に於ける政治は全般的に武士の手に移り、そうして将軍はこれらの武士の統一者として全国的な政治を行うこととなった。やがて分国に於ける政治の独立、大名の対抗、戦争、没落、新しい武士の勃興などを経て、江戸時代に於ける精巧な封建制度となったのである。従って武家政治にも種々の反省が加えられ、武士の道を儒教の原理に基いて士道（即ち士大夫の道）として理解する努力が行われた。それによると封建的な君臣関係は単に直接的な恩愛関係に留まるのでなく、五倫の内の最も重要なものとなる。その教が三世紀に互って日本の社会に浸み込ませられたのであった。

この教に於て君とはあくまでも封建君主である。多くの場合は藩主をさすが、その統一者としての将軍も同様に『君』である。いずれの場合に於ても、主君とその家臣との個人的関係が問題であって、多数の民衆は勘定に入らない。一つの藩は『主家』であり、三百、五百、或は千ほどの武士はその『家中』であって、恰も一家の如き緊密な結合を形成している。主君と家臣は君臣の義に於てあると共に、また父子の情に於てある。従って武士は、人倫の道としても、また恩愛の情に於ても、主君に献身的な忠を致《いた》すのである。それに反してこの藩に属する何十万かの民衆は、藩主を主君として仕えるのでもなければ、また藩主に右の如き忠をつくす義務もない。彼らは領民ではあるがしかし家臣ではなく、従って君臣関係の中にはいないのである。

武士は右のごとき君臣関係のほかにまた自らの『家』を持っている。ここでもおのれの召使との間に君臣主従の関係を形成するのではあるが、武士自身の家族生活としては父子・夫婦・兄弟等の人倫を実現しなくてはならぬ。中でも最も重いのは父子関係であり、孝の道の実現である。そこで武士の生活は君に対する『忠』と親に対する『孝』とを中心とすることになる。たとい忠に於いて欠くるところなくとも、孝を欠くならば人倫の道を踏んだとは云えない。従ってこの両者が対立すれば武士の道は実現不可能になる。この点に於ては恩愛関係を相続して三世の主君に仕える武士の風習は、おのずからにして両者の一致を実現することが出来た。理論に於てもまた両者の一致は確立されねばならぬ。忠孝一本が説かれたのはその故である。

明治維新によって封建制度が打破され、天皇統治の伝統が再び力強く生かされた時、人々は『法による統治』の精神を新しく法律・制度の上に実現したが、天皇と国民との関係を新しく把握し直す努力に於ては甚《はなは》だしく徹底を欠き、極めて不用意に封建的君臣関係をそのままここに適用しようとしたのである。その結果或史学者たちは、忠義・忠君の思想が七百年の武家時代を通じて歪曲されていたこと、真の忠君は天皇に対する臣民の奉仕のほかにないことを説くに至った。しかしこれは歴史的事実ではない。忠義・忠君が道の根本として力説せられたのはあくまでも武家時代の特徴であって、それより古くはない。勿論《もちろん》人間関係における忠（まこと）は太古以来尊重せられており、統治者に対する忠誠も統治関係あって以来常に重視せられているが、しかし特定の意義を持った忠君は封建君主と家臣との関係に即したものである。強烈な天皇尊崇の力によって国家的団結が形成せられた時代に、人々が天皇に対する『まこと』を言い現わした言葉は、清明心・正直心・忠明之誠などであって、忠義・忠君ではなかった。天皇と国民との関係は、本来、武士の主従関係とは異なっていたのである。

明治以後、『復古』の立場に於て展開せられたこの関係にあっては、事情は一層明白である。憲法を初めさまざまの法律・制度に於て現わされているところは、一目に見渡し難いほど複雑な組織や関係であって、封建君主と数百人の部下との関係の如き簡単なものではない。天皇はこの複雑な組織の統一者として、国民の全体性を表現していられるのである。従って全体性に対する個々の成員の関係も、封建的君臣関係のように単純な個人的関係ではあり得ない。個人はその編み込まれているさまざまの人倫的組織を媒介としてのみ全体性への奉仕をなし得る。例えば家族員として、友人として、市民として、或は教会の一員として、研究所の一研究員として等々の、それぞれの地位に於ける義務を果すことが、全体性への奉仕なのである。この事態を最も端的に示されているのは、ほかならぬ教育勅語であろう。そこでは、孝、友、和、信、恭倹、博愛、修学習業、智能啓発、徳器成就、公益、世務、国憲尊重、遵法、義勇奉公など、それぞれの人倫的組織に於ける行為の仕方を示していられるが、その中に忠義・忠君は並んでいないのである。天皇に対する忠節は、孝以下と同列の行為の仕方ではなくして、これらの全部を含んだものでなくてはならぬ。即ち『忠良ノ臣民』たるためには、天皇に対して直接に個人的奉仕をするのではなく、右のさまざまの人倫的組織に於ける道を実現しなくてはならないのである。智能の啓発、徳器の成就による個人の人格の完成を怠るものは、忠良の臣民ではない。国憲を重んぜず、国法を遵守しないものも忠良の臣民ではない。かかる忠節は国家の公民としての義務の遂行と同義であって、武士の主従関係に於ける忠義とは別物である。

にも拘わらず両者の混同が行われたのは、智能の啓発、思索力の練磨を怠って、安きに付こうとする『不忠』の徒が存在したからである。立憲国家の構造や組織は、眼に見えないさまざまの関係を、見えるものよりも一層確実に把捉する推理の力によってのみ会得される。それを眼に見える単純な君臣関係によって置きかえようとしたのは、思索の努力を放擲することにほかならない。しかもこのやり方が学者の間にさえも浸潤して、家族国家という如き概念を産み出したことは、我学界にとって不幸この上もないことと云わねばならぬ。

家族国家の概念は、封建思想としての忠孝一致の流れを汲み、我国家が歴史以前の時代より自ら生成しきたれる情誼的社会であることを云い現わそうとしたものであろう。確かに我国家は情誼的社会としての性格を強く保有している。しかしそれを云い現わすために我国家が家族的であるというのは、あくまでも比論《アナロジー》であって、それ以上のものではあり得ない。家族は人倫的組織の最も単純なものとして、あくまでも直接的であり、情誼にのみ終始する。その内部には規約とか契約とかは存しない。然るに国家は、人倫的組織の最も高次の段階であって、いかに情誼的性格が濃厚であるとしても、多分に打算的社会としての性格を持たざるを得ない。況んや憲法を初め多数の法律を以て自己を規定している国家が、単純な直接態に過ぎない家族と本質的に同一であることは出来ない。家族はいかに拡大しても、家族である限り国家からは遠い。従って家族国家の概念により国家を家族的に理解せしめようとした一切の試みは、国家に対する理解を誤まらせるであろう。我国家に於ける情誼的性格を活かせる道は、国家が家族的であると説明することによってでなく、国家の人倫的意義の理解を深めることによって、国法の根柢に存する倫理を力強く働かしめるにあるであろう。

以上我々は武士の主従関係に基く忠君や忠孝一致の思想が天皇統治の伝統と結合さるべきでないことを論じたが、しかしそれによってこの思想がそれ自身無意義無価値であると云うのではない。それはその時代と社会とに即して十分意義価値の認めらるべきものである。殊《こと》に武士が士道として把握したものには歴史的意義の少なからざるものがあるであろう。武力の威圧によって政治を行う立場そのものは国体に反するが、しかしその立場に立つ武士は初めより政治家としての修養につとめ、戦術戦技の専門家とはならなかった。従って武士たちは君子道徳を相当に深く身につけたのである。その結果、政治家としては日本国を誤るほどの失敗はしなかった。明治以後の軍人の職分は『国家の保護』であって政治ではない。軍隊は国内の政治のために武力の威圧を加うべきものでなかった。従って軍人は戦術戦技の専門家であって、政治家としての修養を持たなかった。その軍人が武力の威圧によって政治を行ったとすれば、その弊害は武家政治よりも大であろう。軍人に賜える勅諭は元来この弊害を警《いまし》めるために下されたものなのである。もし軍人にしてこの勅諭を理解体得していたならば、日本国が現在の窮境に陥ることもなかったであろう。

次に天皇統治の伝統と神道の教義との関係を考察する。

天皇統治の伝統が最初神代史として表現せられた時には、究極の神は説かれて居らず、またその神の教として教義にまとめらるべき様な思想も掲げられていない。そこに明白に示されているのは、まつりごと（政治）がまつりごと（祭事）として始まったということ、皇統が天つ日嗣として神聖であること、のみである。従って神社に於ける祭祀は一定の教義の承認という意味での信仰を現わしてはいない。これが仏教の如き世界宗教の受容に際して深刻な対立を惹き起さなかった所以であろう。その後長期に亙って皇室は仏教の信仰を採用せられていたし、また国民も村々に於て鎮守の社をまつると共に仏教によって信仰の要求を充たしていた。

神道が教義をつくり始めたのは右の如き情勢が何世紀にも亙って持続した後なのである。最初に機縁を与えたのは、仏教の側よりする神々への理論づけの努力であろう。それは神々を仏教の体系の中に摂取する試みにほかならなかったが、それによって神社はおのが神の信仰に理論的基礎の必要なることを覚らしめられたのである。かくして鎌倉時代の中頃に、即ち武士の封建制度が確立した後に、伊勢外宮の度会氏を中心とする伊勢神道が起った。この運動は外宮の地位を高めようとする動機に強く支配せられたものであるが、同時に仏教思想の支配から出来得る限り独立して神道自身の原理を確立し、それを究極の神に即せるものとして説こうとする努力でもある。しかし前述の如く記紀の神代史はその典拠を与えるものでない。従ってこの神道家は、仮托の文書を作り、恣意的な解釈を加え、それを老子や周易などの思想によって処理したのである。仏教思想からも未だ十分には脱却していない。究極の神たる太元神は、外宮の祭神たる豊受皇太神にほかならず、皇太神は天御中主神・国常立尊と同一体であると云われる。神の教は、倭姫命の皇太神托宣に於いて、正直と祈禱として明かにされた。更にこの立場から天皇の本質を天地の根元に基づけ、神皇一体の所以を論ずる。これらの点に我々は神道の信仰運動としての性格を看取することが出来るであろう。即ちそれは一面に於て仏教に対抗し仏教が宗教であると同様の意味の宗教たろうとしていると共に、他面に於て天皇統治の伝統を基礎づける宗教たろうとしていることである。もしこの運動が成功するとすれば、神道は当然国教とならなくてはならないであろう。

これらの性格は、この後神道の教義が種々の発展を経て吉田神道となり、儒家神道となっても大体に於て変るところはないと思う。周易や儒教による牽強付会の解釈が押し進められた点に於て、また太元尊神のごとき究極神に対する要求が強く動いている点に於て、更にこの宗教的信仰の立場より皇統の神秘的な根拠づけが強行せられた点に於て、そこに一貫した傾向が認められる。ただ復古神道だけは、古事記の厳密な文学的研究に基き、支那思想の影響や太元尊神の如き神の要求を排除した点に於て異なっている。しかし本居の如き冷静な学者さえ、神道家としての立場に於ては **credo quia absurdum** の態度を取らざるを得なかった。それは彼が神話を神話として正当に扱う学問的方法に接していなかったためでもあるが、また右に説いた如き一貫した傾向の中に立っていたことを示すものであろう。従って本居のこの側面を継承し拡大した平田神道が、右の傾向を極端にまで発展させ、神道を国教たらしむべき運動を露骨に展開したことは、その行きつくべき所へついたものと云ってよい。

しかしこの信仰運動は天皇統治の伝統が本質的に必要としたものではない。明治維新以後に燃え上った神道国教化の運動は間もなく停止され、あとに信教自由の原則が立てられた。過去に於ても神道の運動が持続的に発展していた六百年の間を通じて、皇室は信仰としては仏教を用いていられたし、また国民の大部分もそうであったのである。神道は他の信仰と並んで一つの信仰として認められて来たのであって、それのみが天皇統治の伝統を支えて来たというわけではないのである。明治維新に於ける王政復古の主たる動力もまた国民的統一に対する十分に冷静な自覚であって、狂熱的な信仰ではなかった。

このことは帝国憲法に於て信教の自由が宣せられた時に既に我々の先輩が十分に承知していたことなのである。キリスト教が我国に於て十分に自由な活動をなし得たことも、世界中の人は知っている筈《はず》である。然るにこの十数年来神道国教化の運動がさまざまに形を変えて強行された。我々はそれを自分の眼で見て居りながら、この運動がどこから出て来るかを精確には知らなかったのである。しかしただ一つ確実なことは、それが皇室から出たのでもなく、またそれを天皇統治の伝統が必要としたのでもないということである。皇室は仏教をもキリスト教をも十分に好遇された。また天皇統治の伝統はあらゆる世界宗教を寛容に摂取し、我国に於て十分に発展せしめることを顕著な特徴としている。偏狭な閉鎖性は我国体に戻るものである。従ってこの十数年の不幸な誤謬の責任を天皇統治の伝統に負わせることは、明かに誤りと言うほかはない。

神道国教化の運動は国内に於て信教自由の原則を阻害したのみならず、世界に対して帝国主義的侵略が天皇統治の伝統と必然に連関するかの如き印象を与えた。これがこの運動の最も大きい罪悪であろう。天皇の神聖性は日本の国民共同体の地盤から生い育ったものであって、他の民族に強要すべきものではない。然るに平田神道は、天御中主神を宇宙主宰の絶対神とし、産霊二神による神の働らきを以て宇宙一切の現象を説こうとした。この神の直系たる天皇が万国を支配すべきことは当然なのである。記紀の神代史からかくの如き理論を解釈し出すことが既に正気の沙汰ではないのであるが、それを現代の世界に適用し、大東亜経綸の理論となすに至っては、同じ日本人として実に赤面に堪えない。かくの如き偏狭の徒の故に天皇統治の伝統が傷われないことを衷心より祈るものである。

（昭和二十年十一月）

国民全体性の表現者

昭和二十年の暮に、当時同盟通信社にいた天野公義君の懇請に従い、忽卒の間に左の如き一文を草した。同君の計画では、それを新春の読物として新聞に供給するとのことであった。

人民に主権があると云っても個々人が主権者だということではない。人民の一致せる意志が、即ち国民の総意が、国の最高権力を持つということである。その場合には、国民の総意を如何《いか》に形成し、何によって表現するかが重要な問題になる。曾て軍閥が権力を握る途上において『軍の総意』を振り廻わし横車を押し切ったことがあった。しかし日本の軍隊には『総意』を形成する手段はなかった筈である。従って総意の名を僭したのは少数軍人の意志に過ぎなかった。同様に少数の政治運動家がおのれの意志を国民の『総意』の名において振り廻わし、輿論の横車を押すことになると、われわれは不幸な失敗をまたまた繰り返さなくてはならなくなるのである。われわれは真実の総意を正直に、精確に、形成しなくてはならない。そうしてそれを、われわれの国民の総意に最もふさわしい形によって、表現しなくてはならない。この形成と表現とが成し遂げられ、『国民の総意』を表現するものはわれわれにおいては天皇にほかならない、ということが明かになれば、人民に主権があるということと、天皇が主権者であるということとは、一つになってしまう。人民主権を承認するために天皇制を打倒しなくてはならぬという必要はない。

このことはやがて『日本国民の自由に表明せられた意志』によって明かにせられると思うが、歴史の示すところによると、日本国民は既に過去において、自由に表明せる意志によって、このことを示して来たのである。

天皇統治の伝統の意義を神話だけからくみ出そうとしたのは偏狭な見方であって反ってその意義を誤まるであろう。神話は神話を生み出すような一定の文化段階に即して理解さるべきものである。そうすることによってわれわれは日本における原始集団が如何にその総意を天皇において表現したかをはっきりと認識することが出来るであろう。元来原始集団がおのれの総意を何物かに投射し、それを『神聖なもの』として受取るということは、人類に通有の現象であって、わが国に限ったことではない。わが国の歴史の特徴をなすものは、むしろこの伝統が文化段階の異なる次々の時代に、形を変えつつも持続して来た点である。大化以後法制の整備に努力し、『法による統治』を標榜した時代には、国民の総意は新しく組織立てられた国家の主権に投射された。土地の国有や、国民の生活を保証する班田の制度などは、国民の総意を反映しているが故に、武力を用いず抑圧を加えることなくして断行せられ得たのである。尤もこの時代にも皇位の神聖性は神話と結合しているのではあるが、しかし当時の天皇尊崇の根柢となっているのは神話ではない。最も濃厚にこの尊崇の念を表現している藤原時代の文芸は、神話などを捨て去っている。次で武家政治の時代に至ると、兵権も政権も皇室をはなれてしまう。しかし国民がその総意の現われとして認めたものは、依然として天皇であった。将軍が如何に絶大の権力を握っていようとも、国民はそこにただ抑圧者を認めたのみであった。室町時代の民衆が日本国を一つの国として表象する場合に、将軍も大名も眼中になく、ただ天皇の名においてのみ国民的統一を考えたのは、著しい現象である。同じことはまた江戸時代の末に外国の刺戟によって国民が一つの国民としての存在を自覚したときにも現われた。国民の統一、国民の総意は、いつも天皇において表現されたのである。この事実は武力によって強制されて起ったものではない。武力は七百年を通じて人民を皇室からひき離すように働いていた。しかもそれは成功しなかったのである。最近の不幸な情勢が武力と天皇との結合を図っていたとしても、それ以前の長期に亙る歴史は、天皇が全然武力なしでその権威を持続せられたことを示している。それが可能であったのは、その権威が国民の総意の表現にほかならなかったからである。

長期に亙って歴史の試煉を経て来たということは、大きい意義を担っている。すべての『古典』は、歴史の試煉に耐えることによって、古典としての価値を獲得したものである。たとい或る一つの時代に多数者がこの古典の価値を認めないとしても、古典は滅びはしない。反対にその時代の大多数の人々が賞讃し尊重した作品で、次の時代に全然忘却され影を没してしまうものもある。それと同様に、国民の総意を表現する仕方も、歴史の試煉を経たものには、不屈の底力がある。われわれは国民の冷静な客観的な認識に期待するものである。

この一文は大急ぎで書いたものでもあり、行論に不備な点も多いが、しかし多年来のわたくしの所信をのべたまでであって、降服後四ヶ月の間に新しく出来た考えを発表したのではない。ところでちょうどその頃が、天皇制打倒論の急激に高まってくる頃であった。たぶんそのためかと思うが、東京の諸新聞は天野君の期待に反して、一としてこの短文を掲載するものはなかった。ただ放送局だけが、朝の時間だかに、それを放送したそうである。天野君はそれをすまながっていたが、しかしわたくしにはその方が心安く感じられた。わたくしはただ静かにひきこもって、人類の五千年に亙る苦労を噛みしめていたかったのである。

しかし反応は意外なところから現われてきた。全国の諸所の地方新聞は右の短文を掲載したらしく、それについての批評とか、未知の人の賛同の手紙とかが、追々手許に届いてきたのである。中でも秋田新聞は、「日本史に重なる歪曲、神憑り論理の再版、天皇制と和辻的哲学」という段抜きの大きい見出しで、記者のかなり長い前置きをつけて、右の短文を掲載していた。本文はひどい誤植で、意味の解らなくなっている個所も相当にあった。見出しの与える印象では、右の一文は日本史の歪曲であり、神憑り論理の再版であると断定せられているように見えたが、前置きを読んで見てもその理由はいっこうはっきりしなかった。記者はまず当時行われていた天皇制否定の理論を紹介し、そのなかに「日本歴史再検討の立場からその神話性を否定するもの」「国民が遠祖を同じゅうすると教えられた天皇氏は多数土着民族の征服民族であり、多数国民の祖先でないこと、上代史に六百年の虚偽が含まれていること等、専ら日本史の歪曲暴露に立つ天皇神聖観の否定」などを数えている。そうしてそれらの天皇制否定論に対して「既成政党、保守的学者などより一斉に反対論議が展開されつつあるが、その中心的理論を構成すると思われる東大教授和辻哲郎博士にその所説を聞くことを得た」といい、まず予め議論の弱点と思われるものを二三指摘している。その重要な点は、「過去の国民とは国民中のどの層をさすのか」「一般人民にその意志を表明する政治的自由または教養が与えられていたかどうか」「漫然と表明されている国民の意志と、今日以後の民主主義的表明をもつ国民の意志とは、質的にどう相違するか」などについて明瞭を欠くということである。この指摘はもっともであって、あの短文ではそこまで説くことはできなかったが、しかしそれだけではあの文章が「日本史に重なる歪曲、神憑り論理の再版」である所以はわからない。どこが歪曲であり、どこが神憑り論理なのであろうか。その論証は全然与えられていないのである。

思うに記者は、わたくしの議論が保守的である故に、天皇制否定論者の曝露している日本史の歪曲を擁護し、またその否定している天皇神聖観を護持するものと断定したのであろうか。歪曲の擁護である故に「重なる歪曲」となり、天皇神聖観の護持である故に「神憑り論理の再版」と呼ばれてよい、といえるからである。しかしわたくしは征服民族である天皇氏を国民の祖先とし、また上代史に六百年の虚偽を含ませるというような所謂日本史の歪曲なるものを、曾て擁護したことはない。それどころか日本書紀の紀年の古い部分を嘗て紀年として取扱ったことはない。それは三十年前に初版を出した『日本古代文化』を見てもらえば解ることである。国史家のなかでも学者らしい人は、西紀四〇〇年頃以前の日本の古代にはっきりした年立てなどを試みてはいない。書紀の紀年が六百年ほどのびているから、それを取り去れば紀年が精確になるだろうなどと考えたのは、明治中期の古い学者のことで、今更あの数字を真面目に扱う人はなかろう。六百年の虚偽が日本史の歪曲だなどといわれたのでは、あまりに問題が幼稚で、記紀の原典批判のために法廷でまでも頑強に戦い通された津田左右吉博士のために、まことに申訳のないことである。天皇氏を祖先と考えるということについても同様である。わたくしはそんな考えを嘗て擁護したことはない。第一、天皇氏などという「氏」があったことをわたくしはどんな資料からも見出すことはできない。それに反して「氏」の概念や制度が日本において非常に新らしいということは、すでに『日本古代文化』において詳しく論じた。天孫民族は征服民族であるという考えも明治中期の遺物であって、神話を歴史と考えた上での想像説にすぎず、学問的の価値はない。土着民族とか征服民族とかいうような区別が、一体何を証拠として云えるのであろうか。しかし征服民族の説を否定したからといって皇室が国民全体の祖先だという説を擁護しようというのではない。記紀の伝説そのものがすでにそういう説の成り立たないことを示しているではないか。況んや祖先崇拝はわが国の古代においてはギリシアやローマほど顕著ではない。それはシナ思想によって漸次激成されて行ったものである。そういうことの指摘で天皇神聖観が否定されるのであるならば、もう三十年も前に問題は片づいていた筈である。

それと同様にわたくしは、神憑りの人々と同じ意味で天皇神聖観を護持した覚えはない。天体物理学や生物学の発達している現代において、天皇が太陽神の子孫であり従って現神であるというようなことを、誰が真面目に信じ得よう。そういうことを説いていた神憑りの人々のうちには平田派の神道に凝っている人が多かったが、その平田篤胤がどうしても変質か狂気としか考えられないということを、わたくしははっきり『尊皇思想とその伝統』のなかで指摘しておいた。しかしこれは、千二三百年前の天皇が神話を背負い、神話によってその神聖性を裏づけられていたという歴史的事実を、否定しようとするのではない。この事実は、その時代に編纂された神話、制定された法制が、はっきりと示しているのであって、どれほど再検討して見たところで覆えせるものではない。そうしてその歴史的事実は、われわれの立場において、合理的に解釈のできるものである。神話をつくるような文化段階において、集団の生きた全体性を何らか聖なるものとして把捉するということは、人類に通有の現象である。そういう段階の最後の結論が記紀の編纂のうちに見られる。こうして成立した皇位の神聖性は、神話的な地盤を離れた後にも、それぞれの文化段階に適応して内容を変えつつ、伝統として生きつづけて行ったのである。これもまた歴史的事実であって抹殺することはできない。わたくしはそういう歴史的事実を客観的な文化産物によって実証することにつとめはしたが、しかしそれはあくまでも合理的な方法であって、神話時代の考え方をそのまま現代人に押しつけようとする神憑りの論理ではない。

そう考えてくると、上掲の一文が「日本史に重なる歪曲、神憑り論理の再版」であるという断定は、全然筋道の立たない放言である。それは曾て神憑りの人たちがわたくしの議論に加えた非合理的な批難と性格的に同じものである。「神憑り論理の再版」ということは、ああいう見出しを書いた記者の仕業にこそぴったりとあてはまるものである。わたくしはただ憮然として黙するよりほかはなかった。

その後一週間ほど経って金沢から北国毎日新聞が届いた。同紙に掲載された上掲の文章に対して安藤孝行氏が四日に亙り駁論を書いていられたのである。この駁論はよく筋の通ったものであって、前の場合のように神憑り的ではなかったが、しかし最初新聞を開いて見たとき眼についたのは、「日本に国民はなし、あったのは人民であり臣民に過ぎぬ」とか、「皇統持続、無力の賜《たまもの》、天皇制は支配階級の擬装に過ぎぬ」とか、「皇室果たして宗家か、この親和感情は神話的に過ぎぬ」とかいう大きい見出しであった。わたくしはまたかと感ぜざるを得なかった。わたくしは曾て皇室は宗家だなどと云ったことはない。皇統の持続が武力や権力の賜だと云ったこともない。上掲の文章にもそんな文句は一つもない。また日本に国民はないということになると、国民という概念の詮索からやり直さなくてはならぬ。わたくしはうんざりしてその時には読まずに放り出してしまった。しかしその後落ちついて読んでみると、同氏の第一回の駁論は、（一）わが国の歴史において、かつて国民の総意というものがあったか否か、（二）仮りに国民の総意というものがあったとして、果して、それがいかなる形において表明されえたであろうか、(三) さらに譲って、過去において常に国民の総意が天皇を支持したとしても、それ故に、将来もまた天皇制を存続すべきであるということが、いかにして結論されるか、という三点に関している。これは偶然ながら秋田新聞の記者が明瞭を欠く点として指摘したものと似通っている。この偶然の一致はわたくしの文章の不備に基くと考えなくてはならない。従ってこの不備を補い駁論に答えるのが最初の一文を草したものの義務である。と考えはしたが、しかしちょうどその頃は、戦後最初の学年の講義に追われ、そういう面倒なことに手をつける余裕が全然なかった。

やがてそのうちに、新らしい憲法の草案が発表された。それを見ると最初に「天皇は日本国民至高の総意に基き、日本国及びその国民統合の象徴たるべきこと」と記されている。それは前掲の一文によって云おうとしたことと大体において一致していると思われた。わたくしは「国民の総意の表現」という言葉を使いはしたが、象徴という言葉を用いてはいない。しかし国民の総意というごとき主体的なるものを眼に見える形に表現するとすれば、それは象徴であるほかはない。従って、天皇を国民の統一の象徴とするのは正しいのである。こういう規定を最初に掲げた憲法が国民の自由に表明せられた意志によって決定せられるならば、わたくしが前掲の文章によって云おうとしたことは貫徹せられることになる。だからわたくしはもう何も云わずにこの憲法の成行を見まもることにしたのであった。

憲法は遂に決定した。日本国民至高の総意(the sovereign will of the people)という字句は、主権の存する日本国民の総意と改められたが、「至高の」と言っても、「主権の存する」と言っても同じように sovereign に当るのであるから、意味の上に変更があったわけではない。わたくしはこれで一応この問題は解決したと考えていたのである。

しかるにその後二年を経て、今年の四月に、前記の安藤孝行氏は『絶対自力の哲学』と題する論文集を刊行し、そのなかに前掲の拙文及び同氏の駁論を集録せられた。日々に捨て去られる日刊紙と違い、同じ仲間の哲学者の著書のなかでこの問題が生きつづけるとなると、わたくしはまだ駁論に答える義務から解放せられてはいないのである。しかしもしわたくしが安藤氏の所説を再反駁するとなれば、恐らく安藤氏はさらにそれに答える必要を感ぜられるであろう。わたくしのなすべきことは、自説の不備の故に招いたと思われる誤解をふせぎ、できるだけ事柄自体を明晰ならしめることであって、相手を云い負かすことではない。だからわたくしは、安藤氏への再反駁としてでなく、駁論によって気付かせられた不備の点の補説として、この問題を再び取り上げることにしたのである。

わたくしは前掲の一文において国民の総意という通用語を何の説明もなしに使ったが、これは確かに不備な点であったと思う。わたくしは元来「国民」という言葉をドイツ語の Nation と同じ意味に用いて来たのであるが、その場合には国民とは同一の言語、習俗、歴史、信念などを有する文化共同体であって、必ずしも国家と相覆うものではない。しかし他方には国民を一つの国家の成員の全体、或はさらにその個々の成員を指すものとする用法が行われている。そこでそれとの混同を避けるために、単に文化共同体としての国民を指す場合には民族の語を用い、その民族を特に国家の成員として見る場合にのみ国民の語を用いようとしたこともある。この場合には民族を血縁団体とする考えからは離れるのである。このように使い分ければ、国民の概念によって言語習俗等を同じくする文化共同体と国家の人民とを同時に現わすことができるであろう。日本国民とは言語習俗歴史等を共同にする一つの集団であるとともに、日本国家の人民である。この考えは朝鮮や台湾が日本国の版図であった時代には、朝鮮人や台湾人を日本国民のうちに含み得ないとして非難された。しかし、その当時日本の国家に属する人民を呼ぶ正式の言葉は「日本臣民」であって日本国民ではなかった。そうして「国民」の語には通例文化共同体としての民族の意味を含めて用いられていた。例えば、イギリスの国民性を考える場合にはインド人の性格は勘定に入らず、フランス国民の文化的功績を考える場合には安南人の文化は問題にされなかった。当時盛んに行われていた日本の国民性の論議においても、誰一人として朝鮮人や台湾人のことを考え合わせている人はなかった。して見ると日本国民のうちに朝鮮人や台湾人が含まれていない方が、国民の概念としては正しいのである。

このように国民が、一面において一つの文化共同体であるとともに、他面において一つの国家の人民であるとすれば、その人民は一つの集団であって個々人ではない。従って国民の意志（the will of the people）は一つの全体意志であって個々人の個別的な意志ではない。もとより国民とかpeopleとかの言葉は、この集団に属する個々の成員をも意味することができる。しかしそれは集団的に規定された個人であって、集団から独立な個人ではない。国民の語の有するこの集団的な意味は十分に重視されなくてはならない。若衆とか兵隊とかの如き明白に集団を意味する言葉をさえも、一人の若衆とか一人の兵隊とかいう如く用いて怪しまない日本人は、人民とか国民とかの語によってバラバラの個人を指し示すことをも平気でやっているが、しかし一人の兵隊はあくまでも兵隊という集団によって規定されているが故にのみ一人の兵隊であり得る如く、一人の人民、一人の国民もまた集団の一員たることにおいてのみかく云われ得るのである。国民が主権を持つといわれる場合には、国民のこの集団的意義が見失われてはならない。国の最高権力を持つのは国民の全体意志であって、個々の個人の意志ではない。そうしてその全体意志は、個別的な意志を単に集積したものではなく、それの総体性としての統一において、個別的意志と異なる次序に属するものとして成り立っているのである。わたくしは「国民の総意」という言葉がこのような全体意志、超個人的意志を指示しうると考え、忽卒の間にそれを用いたのであるが、それは少しひとり合点に過ぎたかもしれない。

右の如き意味において国民の総意が主権を持つとすると、国民の総意を如何に形成し、何によって表現するかが重要な問題になる、とわたくしは云った。そうしてその形成という言葉をそのあとに幾度かくり返した。これも甚だ不備な点といわなくてはならない。国民の総意が国民という集団の全体意志であるならば、それはこの集団のあるところにすでにあるのであって、改めて形成されるを要しない。わたくしが云おうとしたのは、その全体意志をいかに決定するかということなのである。投票によって代表者を選挙し、選出された代表者は議会において何ごとかを議決する。そのときにはじめて全体意志が形成されるのではない。全体意志がそのとき何ごとかについて決定されるのである。いいかえれば、限定された内容に関し一定の方向を持った全体意志がこのとき形成されるのである。それをわたくしは漠然と総意の形成といい現わしたのであった。従ってこの場合の総意は何事かに関し具体的に決定された全体意志のことである。

こういう全体意志の決定は現代においては投票や選挙や議決によるのが最も進んだ方法だとせられている。しかしこれが完全な方法でないことはいうまでもない。数年に一度の投票によってどうして全体意志の決定に十分に参与し得よう。それに比べれば昔ギリシアの小さい都市国家において資格ある市民のことごとくが集会に臨み、その討議によって全体意志を決定した時の方が、一層完全に近かったのである。しかしそれは市民のおのおのが互に語り合える程度の小さい国家でのことであって、数百万、数千万の人民を擁する大国家に適用し得られる方法ではない。従ってかかる大国家においては、少数の代議士を国民の中から選出し、それらが多数の人の意志を代表して全体意志の決定をやる、という方法が考え出された。もしそういう代議士のことごとくが一切の私心を捨て公僕としての誠意によってのみ動くならば、国民の全体意志は成員の大多数の欲する通りに決定されるであろう。しかし現実はこの理想からは遠いのである。普通選挙が行われ、国民の中の大部分が自由に思惟し意欲してその代表者を選んだ筈のわが国において、少数の軍人の威嚇や専横の前に議会がその能力を失い、遂に国民の中の大多数が欲しないような仕方で全体意志を決定するに至ったということは、われわれの記憶に新らしいところである。それは事実上将軍政治であった。武力による少数者の独裁政治であった。がそういう独裁政治の危険は今なお少しも減じていない。曾ての軍人たちと性格的に極めて相似た少数の支配欲に燃えた人々が、その意志を多数者の意志として擬装する運動は、すでに顕著に行われている。このような独裁政治を防ぐためには、各個人はその思想や意欲の自由を守り、その脊骨を堅くしなくてはならない。曾ての翼賛政治が自由を捨てた奴隷の態度にすぎなかったとすれば、時流に従って新らしい題目に雷同する運動もまた奴隷の態度にすぎない。このような奴隷的態度を脱却して真に国民全体の欲するように全体意志を決定するということは、確かに将来に課せられた問題といえるであろう。

しかし全体意志の決定の仕方が理想通りに行かないということは、国民に全体意志がないということではない。たとい少数者が決定しても、その決定されたのは国民の全体意志である。だから一つの国民は、少数者の決定によってでも、他の国民と戦争をはじめることができた。各個人は、それが自分の意志でないという理由をもって、敵からの攻撃を脱することはできない。もし脱出を欲するならば、彼はこの国民の成員たることをやめなくてはならない。そうしてこのことは容易には実現され得ないのである。それどころか、既に相手国の市民権を得ていた人でさえも、改めてさまざまの詮議を受けなくてはならなかった。してみれば、国民が一つの全体であり、従ってそこに一つの全体意志があるということは、個人の自由の自覚の問題とは別に、すでに定まっていることである。わが国には真の意味での国民はなく、また真実の国民の総意というものもなかったといって見たところで、アメリカに宣戦したのが国民の全体意志であり、アメリカと戦ったのが一つの全体としてのわが国民であったという事実をどうすることもできない。一つの集団の生きた全体性は眼に見えないものであり、眼に見えるのはただ個々の肉体を持った個人にすぎないのであるが、しかしそれだからといって個人のみが現実であり、集団は現実でないというわけに行かない。国民の生きた全体性もその通りである。それは眼には見えないにしても、言語のうちに生き、習俗のうちに生き、その他さまざまの文化のうちに生きている。

そういう生きた全体性、或は国民の全体意志を、何によって表現するかという問題は、全体意志を決定する問題や、具体的に決定された全体意志を表明する問題とは異なり、対象たり得ずまた眼に見えない「生きた全体性」を如何にして対象的な眼に見える形に現わすかという点を核心とする。わが国にあってはそれを天皇において表現してきた。昭和二十年の末から二十一年の初めへかけての時期には、この表現の仕方を依然として継続するか、或は他の国においてのように選挙された大統領によって代えるか、ということを、「日本国民の自由に表明せられた意志」によって決定しなくてはならないことになっていた。でわたくしは、この来るべき決定において、「わが国民の全体意志を表現するものは天皇にほかならない」ということが明かにせられるならば、国民の全体意志に主権があるということと、その全体意志を表現する天皇が主権者であるということとは、一つになってしまう、といったのである。これは国民に主権のあることが天皇の存在と全然相容れないかのような議論に対する反駁のつもりであった。

その後、天皇を日本国の象徴、日本国民統合の象徴とする憲法草案が発表せられ、それを議すべき議会の議員が選挙された。そうしてその議会において、天皇を日本国及び日本国民統合の象徴とする憲法は議決された。これは「日本国民の自由に表明せられた意志」によって、天皇を国民の全体意志の表現者と認めることに決定したものである。その限りにおいてわたくしが前掲の一文に述べた予測は適中したといってよい。この点についてはもう議論の必要はなかろう。が右の決定が未だなされなかった当時において、最も甚だしく論者の疑惑を呼び起したのは、わたくしが右の予測に続いて、「歴史の示すところによると、日本国民はすでに過去において、自由に表明せる意志によって、このことを示して来たのである」と云った点であった。日本の過去のどこに、「自由に表明せる意志」によって天皇を全体意志の表現者と認めた事実があるか。

わたくしはその歴史を原始集団の時代からはじめて武家時代に至るまで極めて簡単に述べて置いたのであるが、その原始集団において自由に表明せる意志などがあったと認めることがまず問題とされる。原始社会の総意などというものは、自由な人格としての個人の自覚を媒介とせる意志表示ではなく、直接本能的な全体意識である。しかもその決定的な契機は、宗教的呪術的な神秘的世界観であった。原始社会には専制君主はなかったといえようが、同様に自由な社会人もなかった。首長も氏族員もともに思想的には奴隷なのであると。なるほど、原始社会に近代の民主的社会と同じような個人の自覚がなかったことは、認めなくてはなるまい。しかしそうだからと云ってそこに個人意識がほとんどなかったように見るのは、原始人を独立自由な人と見るのと同じように、行き過ぎである。近頃の原始社会の実地踏査によると、トーテムやタブーの拘束力の強い社会では、その強さに比例して個人の背反も烈しいそうである。この点を強調するマリノウスキーは、原始社会における個人と社会との関係がほとんど文明社会におけるそれと異ならないとさえ云っている。原始社会において全体意志に従うことは、決して本能的ではなく、十分な自己否定、即ち背反し得る自己をおのれの意志によってそこに従属せしめるという意識をもって、なされるのである。そこに支配している世界観が呪術的なものであるということは、必ずしも個人の自由を奪うものではない。個人はいつもその属せる社会の意識によって規定せられている。それを超出し得るような例外的天才的な思想家でなければ自由を持ち得ないというわけではない。たといその社会の意識がそのまま個人の意識となるにしても、それが強制でなければ自由を奪ったとはいえまい。況んや原始社会において、呪術的な意識を強制的にでなく受けついで来た人々が、ある時期に祭を司る者を全体意志の表現者として尊崇し、その神聖な権威のもとにはじめて国家的な組織を作り出したとすれば、それはその人々の自由の実現の業績であって、そこにその時代特有の創造的意義を認めなくてはならぬ。どんな制度でもそれがはじめて創り出されるときは、一歩の前進として積極的意義を担っているものである。やがてそれは硬化して反対のものに転化するではあろうが、その硬化した様態をもって最初の創造的時期を推し測ってはならぬ。

かく考えればわが国にはじめて国家的な組織が造り出されたとき、それが武力による強制ではなくして、宗教的権威による統一であったということは、十分に重視されてよいのである。それは恐らく原始国家の常法であった。国家の権力は宗教的権威にはじまり武力的な権力に移って行ったのである。権威あるものが強かったのであって強い者が権威を持ったのではない。それが逆になったのは神聖な王の伝統がやがて反対のものに転化したからである。メソポタミアにおいてそういう経過が一通り行われた後に、シナにおいてもそれがはじまった。そうしてシナにおける経過が既にその終末に達したのちに、日本において新らしくはじめられた。だから日本人がこの過程をシナ文化の影響のもとに神話的伝説的に記録しはじめたときには、硬化した様態をもって最初の創造的時期を推し測るという態度が、はっきりと付きまとっているのである。これは素朴な神話的内容と征服国家的な観念との混淆であるから、少しく意を用いれば明瞭に批判することができる。神武天皇紀などが記紀編纂の時代からあまり遠からぬ時代の作とせられるのはその故である。これらの批判と考古学的な証跡とを照らし合わせて考えれば、集団の生ける全体性を天皇において表現するということは、集団に属する人々が自ら好んでやり出したことであって、少数の征服者の強制によったものではない。その際全体意志の決定をどういう風にしてやったかは正確には解らないが、神話にその反映があるとすれば、「河原の集会」こそまさにそれであった。そこでは集団の全員が集まり、特に思考の力を具現せる神をして意見をのべさせるのである。これは集会を支配するものが思考の力であることを示している。全体意志を決定するものは集会とロゴスなのである。ここに「自由に表明せる意志」を認めるのがおかしいことであろうか。

後の武家政治の時代において、このような民衆の集会が武力の支配と両立せず、従って政治的に発言権を持たない時期が長かったことは事実である。しかし武力の圧迫がゆるむと共に民衆の集会の力が忽ち盛り返してきたことは、室町時代末期の民衆の自治運動によっても明かであろう。その力は一時ほとんど武士階級に拮抗し得るほどになっていた。そういう民衆は、武力の支配下にあったからと云って、武士階級の注文通りに物を考えるようになったのではない。従ってここに「自由な思想を抱懐する国民というものがあり得なかった」とはいえぬ。武士がその権力をもって各自の分国を支配し、関をもって他の分国との区別を立てたとき、かかる関をことごとく撤廃した全国的な統一、国民的な統一を、絶えずおのれの視野のなかに持っていたのは、ほかならぬ民衆であった。しかも彼らは当時政治的に全然無力であった天皇において、この国民的な統一の表現を見ていた。これは武士階級の強制によったものではなく、逆に民衆の方から漸次武士階級に影響を与えるに至った思想である。それは政治的あるいは法律的な形を取りはしなかったが、しかしそれでも国民が「自由に表明せる意志に」よって天皇を全体意志の表現者と認めた事実であるには相違ないであろう。

しかし、国民といってもそれは一部の人々のことに過ぎないではないか。下層階級の人々をも含めての国民全体の意志を表明したような資料が日本にあるであろうか。これが第二の反問であるが、この問はわたくしにとっては多年来幾度となく出逢ったものである。日本の神話などといっても、あれは少数の支配階級の作ったものであって、当時の国民の情意とかかわるところはない。推古天平の仏教美術が偉大であるといっても、ただ少数の特権階級の翫弄物に過ぎなかったではないか。そういう反駁と同様に、ここでも、万葉の詩歌とか平安朝の文芸とかは毫も国民的な表現ではないといわれる。たしかにわれわれは国民大衆がこれらの文化産物に対してどういうつながりを持っていたかを知るべき資料に恵まれていないのである。がこのことはわれらの文化産物が国民大衆と無関係であったという主張の実証をも同じ様に不可能にするであろう。従ってそれらが国民的表現であったという主張も、そうでなかったという主張も、ともに推測によってなされるほかはない。その際注意すべきことは、国民的表現が必ずしも国民大衆の手によって作られるのではないということである。それは時にはただ一人の天才によって作られるかもしれない。しかし国民大衆がそこにおのれの感情や意志の表現を認め、それを味うことにおいて表現欲の満足をうるならば、それは国民的表現と呼んでよいであろう。がこの場合にもその国民大衆は、国民の成員のことごとくでなくともよい。いかなる時代においてもある価値に対して盲目である人々の数は少くないのである。ただそういう価値を感じうる人が、その所属階級の如何にかかわらず、それを味い共鳴する機会を持ちうるならば、それは国民的表現といってよい。武家時代の戦記物の類はただ支配階級の葛藤をのみ題材とし、国民大衆の生活を顧みなかった。その作者も貴族的伝統に養われた失意の人々であって、下層の人ではなかった。がそれにもかかわらずこれらの作品が、全国の寺社の門前において吟唱せられ、それを村々の民衆が感激をもって聴いたということは隠れもないことである。平安朝の文芸は特に貴族的であって民衆とかかわりがないといわれる。しかし民衆文芸といわれる梁塵秘抄所輯の民謡の類は、当時の民衆の文芸的感覚が決して幼稚ではなかったこと、多くの点において宮廷の文芸とつながりのあったことを示している。武家時代の新らしい芸術的創造や宗教的創造は、むしろ王朝時代の民衆芸術、民衆信仰のなかから出てきたのである。更に遡って万葉の歌や記紀の神話を考えるとき、われわれはまずこれらの作品の内容や形式が、少数の貴族でなくては味わい得ないような特殊なものであったか否かを詮議して見なくてはならない。古事記の物語のなかで天皇の歌とせられている数首の歌は、農人の日常生活に極めて親しい形象をもって、極めて素朴な、どの村人も理解を難しとしないような、感情を歌っている。万葉集中比較的古いと思われる歌にもこの種の例は多い。民衆のなかで文芸的感覚を持った人々が、この種の歌を味い得たことは、疑うを得ないであろう。そうしてそれを味う機会が彼らから奪い去られていたという証拠はどこにもない。反対に民衆のなかでそういう歌が行われたということは、諸所方々に記されている。しかじかの事件の前兆としてしかじかの童謡が民間に行われたという記事はいくつもある。その童謡のなかには、「小林にわれをひきれてせし人の面もしらず家もしらずも」などというのもある。このような前兆の話は書紀の記者がシナの史書を真似た仮構の話であるかもしれぬ。しかしこの種の歌が民間で歌われていたという事実を踏まずしては、そういう仮構の話も作れないのである。万葉集には「東歌」というのがある。遠江以東の国々で歌われた歌を集めた体裁になっている。そのなかには京人の作や貴族の作も混っているかもしれない。しかし万葉集の編者は遠国の農人がこの種の歌を作り、或は唱うということを、当然あり得ることとして取扱っているのである。して見れば民衆は、彼らの欲する限り、自由に歌を味い或は作り得たのである。そういう情況の下に数多くの名篇が残っているとすれば、それを国民的表現と見て毫も差支えはないであろう。

文芸において表現せられているのは主として国民の感情であって意志ではない。しかしそれによって天皇尊崇の感情が国民的なものであったとわかれば、天皇を全体意志の表現者と定めた上代の制度や法律が、国民の反感を押し切ってなされたものでないことだけは認めなくてはならぬ。がさらに政治の面においても、同様なことを推測せしめる事例は少くない。大化の改新を可能ならしめたのはただ一つのクーデターなのではなく、二三百年に亘る天皇直轄地の設置の運動である。これは征服とか強制とかによるのではなく、一つにはシナの影響をうけた新しい知力によって、もう一つには地方豪族の側からの自発的な寄進によってなされた。地方豪族がかかることを欲したというのは、その領していた集団がそれを欲していたことの反映であろう。こうして平和裡に蓄積せられた中央政府の経済的実力が、遂に私有地私有民の廃止、土地国有と口分田の分配という如き思い切った改新を、ほとんど反抗運動なしに成就せしめたのである。がそれにしてもこの改新の事業を徹底せしめ、古い豪族たちの特権を根本的に覆滅したものは、大化改新後二十七年にして起った壬申の乱であった。この乱が大化改新への反動運動ではなく、すでに起っていた反動の傾向に対して改新を徹底させる運動であったことは、書紀の記述を公平に読めば解ることだと思う。この時に勝った天武天皇方の軍隊は、地位の低い舎人や地方官のひきいた農民大衆であった。彼らは政府の武器庫を奇襲して占領し、俄造りの軍隊をもって、旧来の豪族たちの固めている中央政府の正規の軍隊に打ち克ったのである。そうしてその結果として私有地私有民の徹底的な廃止や、古い豪族の徹底的な整理などが実現されたのであった。そういうところにわれわれは当時の農民大衆の意志を読みうると思う。そこには農民大衆が国家の意志の決定に参与する制度はなかった。しかし少数のすぐれた政治家が考案し決定した制度や法律に対して、国民大衆が支持を与えるということはあり得たのである。またすぐれた政治家はかかる支持を得ることを目ざして考案したのである。これらのことはちょうど記紀の編纂や大宝令の制定の地盤となっている。従って天皇を現神とする思想と右の如き民衆運動とはひき放すことができないといってよい。法制的に天皇を全体意志の表現者と定めるということは、国民の意志と無関係になされたのではないのである。

しかしそれならば少数のすぐれた武士たちが政権を把握したときにも、国民大衆はそれを支持したではないか、と人はいうであろう。なるほどそうである。どんな時代でも、創造的な活気を失わなかった間は、積極的な意義を担っている。武力に頼って法の外を歩くという武士の立場さえもそうである。日本の国法は弘仁以来三百年間死刑を廃止していたが、国法の外にある武士たちの領地においては、犯罪者を捕えて斬るという簡単明瞭な私刑が行われていた。ところで法による統治が弛緩してくると、民衆は、寛仁な国法の下にあるよりも、私刑の行われる領地に住む方が安全だと感じたのである。ここに武力が民衆の支持を得た所以がある。それは発展して、幕府の立てた法が、即ち武将がその家人を統制する法が、漸次国法よりも有力に通用するという情勢を作り出した。しかしそれだからと云って民衆が武士の棟梁を国民の全体意志の表現者と認めたわけではない。どんなに武士の権力が高まったときでも、国民の統一を表現するものは天皇であって将軍ではなかった。室町時代末期の民間文芸がこのことを顕著に示していることはすでに言及したところであるが、その頃に形作られた民間の常識は、江戸時代を通じてほとんど変っていない。江戸時代の民衆が、将軍の尊さを知っても、天皇の存在をさえ忘却していた、というようなことは、資料の上からは決していえることではない。謡曲が民衆の間に現在よりも遥かに広く深く行き亙っていたことは、証明するまでもないことであるが、その謡曲にくり返して現われてくるのは「天皇の御代」である。民衆芸術としての浄瑠璃や歌舞伎は、題材や演伎の上で室町時代末期と密接に結びついたものであるが、そのなかには直接に天皇や宮廷を題材としたものも少くない。それは民間の雛祭や小倉百人一首の流行に反映し、津々浦々に及んでいる。勤王家が出て新らしく天皇の存在を公告しなくてはならなかったなどということは決してないのである。

が、過去においてそうであったということは、将来に亙って天皇制を存続すべきであるということの理由とはならないではないか。これが第三の反問である。ここには少しく前掲の短文についての誤解があるように思う。わたくしはそこで「古典」の例をあげて、歴史の試煉に耐えてきたものが超時代的な意義を担っているということを云った。これは、過去において重んぜられたから未来においても重んぜらるべきであるということではない。過去において重んぜられたものでも全然影を没してしまったものが多い。それに反して古典となったものは、過去において重んぜられない時代があっても、そのまま滅び去りはしなかった。即ち古典はそれ自身のうちに大きい価値を担い、時代の褒貶にかかわらず生きつづけてきたのである。それと同様に、国民の全体意志を表現する仕方も、歴史の試煉に耐えてきたものは、それ自身大きい価値を持っている。それを冷静に客観的に認識して、天皇を依然全体意志の表現者と認むべきか否かの決定に資してもらいたい。それがわたくしの云おうとしたところであった。

全体意志の表現者はいかなる国家にとっても必要である。「国民が真実の意味で国民となり、自由意志によってその総意を表明しうる」という時代においても、それが必要であることには変りはない。問題はそれを選挙によって定められた大統領とするか、或は国家とともに古い天皇の伝統を守るか、という点にある。そのいずれが適当であるかは、歴史的伝統や国民の性格などによって定まることであって、単に理論的に定めるわけに行かない。特にわが国のように、民衆の信頼や尊敬を集める政治家の少ないところでは、――その少ない所以が優れた人にケチをつけるという気質にもとづくのか、或は真実に優れた人が少ないことによるのかは別の問題として、

――四年に一度国家の元首を選び出すというようなことは到底うまく行かないであろう。恐らく南米の某々国などの有様が、われわれの前途を暗示することになろう。それに比すれば、わが国の歴史において実に稀有というべき英雄が輩出した時代にも、なお天皇がそれらの上に立って国民の統一の表現者としての権威を保持し続けたという事実は、極めて教えるところが多いのである。これは過去がかくかくであったが故に未来もしかあるべきだということではない。過去によって国民の性格が把捉されるとすれば、その性格に合うような道が選ばるべきだということである。

わたくしは、皇統の持続が皇室の無力とわが国の地理的歴史的孤立性とにもとづくという考や、天皇制が時々の支配階級の手段として用いられたという見方などに、必ずしも反対するものではない。むしろ実権のない皇室に権威が保たれ、その権威が実権あるものにも不可欠の支えとなっていたことに、大きい意義を認めるものである。それは天皇が国民の全体性の表現者であったが故にほかならないであろう。今や国民が真に国民となり、みずからおのれを支配するに至ったといわれる。もしそうであるならば、今こそ国民の一部がおのれの利益のために天皇を利用するという如き不正をふせぎ、天皇をば真に国民の全体性の表現者として明かにすべき時ではなかろうか。

以上三つの点のほかに、なお次のような反駁も提出されている。前掲の短文においては、神話はそれが作られた時代に即して理解せらるべきものであり、従って神話に淵源する天皇の権威も文化段階の進むとともに中味を変えているといわれているが、しかし神話に淵源するということはいつまでもつきまとって離れない。天皇を現神とすることは日本歴史の全期にわたる伝統である。今やこの伝統を破壊すべき時期に達している。それは肇国以来の大革命なのである。この革命を誤りなく遂行せんがためには、天皇のうちになお生かすべき意義を認めるような保守主義的詭弁は斥けなくてはならぬと。

天皇制と神道との間に歴史的必然的な関係を認めることは、降伏の前後を問わず一般に行われたことであるが、しかしわたくしはそこに誤れる歴史的認識を認めざるを得ない。天皇が神聖な権威を得たのは、宏大な高塚式古墳の築造せられた時代であって、神話の編纂よりも三四百年は先立っている。そうして神話が編纂され、現神の思想が明かに法制の上に現われた時代には、天皇をはじめ一般の知識階級は、宗教的信仰に関してはすでに明かに仏教に移っている。神社の祭祀はなお絶えなかったとしても、その神社の大多数は現神との関係のない地縁共同体的のものである。そうして法制上、或は文芸において、現神と呼ばれているものは、高度の尊敬を表示してはいるが、決して宗教的信仰の対象ではなかった。このことは白鳳天平の巨大なモニュメントが明白に示していることであって議論の余地はない。現神思想が最も明らかに現われていた時でさえもそれはすでに宗教的信仰と離れているのであるから、仏教の信仰がますます国民の間に沁み亘り、現神という言葉も使われなくなった時代に、なお依然として天皇を現神とする神話的信仰が続いたなどとは到底云えないのである。

神道が神話を復興しそれに宗教的な生命を与えようと努力したのは、ずっと遅れて鎌倉仏教の勃興以後である。それが皇室との結びつきに努力したのは、さらに遅れて江戸中期以後である。神道の側にそういう努力が起ったのは、国民のうちに皇室尊崇が持続していたからであって、逆に神道が皇室尊崇を支えていたのではない。にもかかわらず天皇制と神道とがその興廃を共にすべきように説かれるのは、幕末以後における平田神道や、それを利用した近時の軍国主義者たちの所説をのみ注目した議論といわざるを得ない。天皇が超人的なものという意味での現神でないことは、江戸時代の儒学者が当然のこととして説いていたところであり、またそれ以前の軍記物の描写にも現われているところである。そういう認識のうちに肇国以来の大革命を認めるのは、平田派の立場にでも立たなくては意味をなさないであろう。

なおもう一つの反駁は、憲法改正の趣意が天皇を国民の全体意志の表現者と見ることと反対の方向にあるということであった。それによると、憲法改正の趣意は、覇者が大権を壟断する如き危険を防止するにある。然るに天皇制の維持された長い期間を通じて、かわるがわる覇者の大権壟断が続いていた。従って天皇制の存続はこの危険の防止には役立たない。もし天皇が国民の全体意志の表現者であるならば、国民にとってのぞましきことは、天皇の実権の増大であって制限ではない。従ってそれは大権を拡大し天皇親政を実現するに至って徹底する。これは明かに憲法改正の趣意とは逆の方向である。

この議論は憲法改正以前、昭和二十一年の一月になされたのであるから、天皇を国民統合の象徴とする日本憲法が、国民の自由に表明せられた意志によって制定せられた今日となっては、もはや論ずるに及ばないこととも思われるが、しかし天皇を国民の全体意志の表現者とする見方がそこでは著しく誤解せられているように考えられるので、一言付け加えて置きたい。天皇が国民の全体意志の表現者であるということは、国民が一つの方向にその全体意志を決定すれば、それがそのまま天皇の意志として表現されるということである。天皇親政という言葉が示唆しているように、天皇がその個人的な意志をもって国民に命令するということではない。最初に集団意志が神聖な天皇を作ったのであって、或る個人が集団を征服し神聖性を押しつけたのでないように、国民の全体意志が天皇の意志となることこそ天皇の本質的な意義である。帝国憲法下においても、天皇は議会その他憲法の定むる機関において決定したことを天皇の名において表明せられたのであって、おのれの個人的な意志により統治せられたのではない。降服決定の際、天皇が積極的におのれの意志を表明せられたのは、恐らく例外であろう。従って国会の指名に基いて総理大臣を任命するとか、内閣の補佐と同意によって法律を公布するとかいうことは、少しも天皇の本質的意義を変えることではない。必要なのはその全体意志の決定をできるだけ精確に、正しく行うことである。虚偽の宣伝によって国民の心をおのが党派にひきつけようとすることは、イデオロギーの如何を問わず、斥けられなくてはならぬ。がそういう真直な全体意志の決定は、天皇制の存廃とは別の問題である。共和制の下にあってもドイツではヒトラーの独裁政治が出現した。

天皇が国民の全体意志の表現者であるということが右の如き意味であるとすれば、天皇制の存廃を国民の決定に委ねることに同意した瞬間に、すでにわが国の天皇制は原理的に否定された、という議論は成り立たない。天皇はもともと国民の意志がおのれの表現者として作り出したものなのである。そうしてその後文化段階が異なるに至っても、それを廃棄しようとはしなかったものである。それの再確認をやったということは毫も原理的な否定ではない。それは論者のいう如くいつの日にか更に新らしく再確認の必要に迫られるかもしれぬ。しかしその時までには国民の個々の成員が全体意志の決定に一層積極的に参加し、それによって、ただ支配欲に燃え虚偽の独立性をはっきりと守るようになっていることが望ましい。それによって、ただ支配欲に燃え虚偽の宣伝に専心するような政治家も、追々に淘汰されて行くであろう。国民全体への奉仕という心構えは、民主政治下においては一層必要である。それは先進国においても長期の国民的苦労によって得られた。わが国においてもこれから多くの苦労によってそれを獲得しなくてはなるまい。がそういう心構えや個人の自覚が国民の間に行き亙ったときには、今回よりも更に明かな形で再確認が行われるであろうと思われる。古典的なものには不屈の底力があるのである。

（昭和二十三年七月）

国体変更論について佐々木博士の教えを乞う

今度ふと『世界文化』十一・二月号所載『国体は変更する』という佐々木惣一博士の論文を読み、その明快な所論に敬服するとともに、国体の概念に関する日頃の疑念が再び強く念頭に浮ぶのを禁じ得なかった。ここにそれを開陳して、幸に佐々木博士の教を受けることが出来れば、その学恩を蒙るもの、ただ筆者ひとりにはとどまるまいと思う。

わたくしはこれまで久しく「国体」という概念を理解し得ないでいるのである。従って日本倫理思想史の立場から尊皇思想の歴史的叙述を試みるに当っても、出来得る限り国体という概念を用うるのを避けて来た。また倫理学において国家の問題を論述する際にも、国体の問題は国家一般の問題には属しないとの見地の下に、わざと取り上げなかった。だからわたくしは国体の概念に関し佐々木博士と異った持説を持っているわけでなく、従って博士と討論しようというのではない。ただ理解し得ない点をのべて、何故「国体」という如き概念が必要であるかを教えて頂きたいと思うのである。

佐々木博士は上述の論文において国体の概念を二つに区別していられる。

一、国家について、その政治の様式という面から見て、如何なる国柄のものであるか、を問題とする場合、その国柄が国体と呼ばれる。

二、国家について、国家に於ける共同生活に浸透している精神的倫理的の観念という面から見て、如何なる国柄のものであるか、を問題とする場合、その国柄が国体と呼ばれる。

一は「政治の様式より見た国体の概念」であり、二は「精神的観念より見た国体の概念」である。

ところで博士がこの論文において「変更する」として論証せられる国体は、憲法改正に関連し、「最も重大な根本的な問題」として論議せられた国体にほかならず、その憲法は元来政治の様式を定めるものであるから、ここに論ぜられるのが前掲一の国体概念であることはいうまでもない。しかもそれは政治の様式の基本的なものを示す面にかかわるのでなくてはならない。即ちそれは「国家の統治権の総攬者が如何にして定まるか」という面から見た国柄のことである。「特定の人が国家の意思の発動を全般的につかんでいるという地位にあることを指して、其の人が国家の統治権を総攬しているという。」そういう人が如何にして定まるか、ということが、国体の概念の内容である。

この国体の概念に該当する事実は、「万世一系の天皇が万世一系であるということを根柢として統治権の総攬者である」ということであった。しかるに日本国憲法第一条は、天皇の地位が「主権の存する日本国民の総意に基づく」ことを規定している。「主権の存する日本国民ということとは、明に、統治権の総攬者が天皇でない、ということを示すものである。……日本国民なるものが統治権又は統治権総攬の権を有するのであって、天皇が有せられるのではない。」然らば従来国体の概念に該当していた事実は全くなくなるのである。即ち国体は変更する。これが博士の強く主張しようとせられるところである。

更に博士は、かくの如き国体の変更は必要でなかった、ということをも主張せられる。新しい情勢に適応するように憲法を改正するというのであるならば、「天皇に協力する諸機関の制度を、その構成なり協力方法なりに於て、徹底的に改革」すればよいのである。「それより進んで、天皇の統治権の総攬者たる地位を廃止する必要はない。」近年の我国の誤れる行動は、天皇への協力機関の罪であって、天皇が統治権総攬者であることの結果ではないのである。またポツダム宣言も右の如き国体の変更を要求してはいない。日本国人（ジャパニーズ・ピープル）が自由に表明した意志に合致して平和的傾向の又責任ある政府が樹立せらるべきであるということは日本国人自身の自主的態度を要求しているのであって、人民主権を要求しているのではない。連合国の立場は、「日本国の政府の窮極の形体は、ポツダム宣言に合致して、自由に表明されたジャパニーズ・ピープルの意志により樹立さるべきである」というにあった。「日本国政府の窮極的形体――これは国体のことに当るのである」。即ち国体をどうきめるかは日本国人の意志にまかせられたのである。「ポツダム宣言の受諾から国体変更の必要を生じたというようなことは全くない。」

以上の如く博士は、一の意味における国体が、変更の必要なきにもかかわらず、変更されるのであることを主張される。然らば二の意味の国体はどうであろうか。それは、一応変更しないともいえるであろう。しかし両者が概念的に異るにしても、両概念に該当する事実を見るとき、事実としての両者の存在の間に影響を見ない、ということはできない。「社会生活の事実として見るときは、政治の様式より見た国体が変更すれば、精神的観念より見た国体も変更するであろう。」

博士の理路はまことに明晰であって一点の晦渋のあとを残さない。だからわたくしが理解し難いとするのはその行論ではない。博士が自明のことのように用いられているいくつかの概念である。

第一、何人が国家統治権の総攬者であるか、という面より見た国柄は、久しく「政体」という概念によって示されて来た。ギリシアの昔以来、それが一人の王であるか、少数の貴族であるか、或は市民の全体であるかによって、君主政体、貴族政体、民主政体などが区別されている。もとより現実の国家にはさまざまの細かな濃淡の差別があって、簡単には片づかないが、しかし右のような政体の概念は、世界いずれの国家にも適用できるものである。しかるにこれをわざわざ「国体」という概念によって現わし、そのために「政治の様式より見た国体」の概念と「精神的観念より見た国体の概念」とを区別しなくてはならなくなる、というようなことは、わたくしには甚だ理解し難いのである。

博士は国体の概念が「一般社会に於て考えられている或もの」であって、学者はその或ものが何であるかを明かにするのであるといわれる。従って博士が自ら好んで国体の概念を持ち出されたのでないことは明かである。しかし一般社会において用いられている国体の概念の一半が古来の「政体」のことにほかならぬとすれば、学者はその点を明かにして、政治の様式より見た国家構成形態は、世界に通用する政体の概念を以て現わすべきであり、曖昧な国体の概念を用うべきでない、と主張すべきではなかったであろうか。しからずして国体の概念を襲用し、その国体について熱心に立論せられる所以が、わたくしには理解し難い。

或は政治の様式より見た「国柄」というところに博士は「政体」でなくして「国体」である所以を現わしているのであろうか。国柄という概念は、各国家の起源及び発達の歴史によって具体的に定まっている国家の基本的特性などと定義されている。この定義に従えば国柄は政体とは異なったものである。ギリシアの都市国家は政体の点においては君主政体、貴族政体、民主政体などと次々に変遷している。即ち何人が国家統治権の総攬者であるかという点においては定まった特性などはない。しかしこのような変遷を活発に遂行して行った国家と、極めて保守的に古制を保存した国家とは、基本的特性を異にする。即ち国柄を異にする。例えばアテーナイとスパルタとでは国柄が違う。このような国柄を博士は国体として把捉されたのであろうか。しかしそれでは「何人が国家統治権の総攬者であるかという面より見た国柄」ということにはならない。博士にとっては民主制であるか君主制であるかということは国柄の根本的相違を意味する。アテーナイが君主制、貴族制、民主制の変遷を通じて一つの国柄を示している、と云い得るような国柄の概念は、博士のかかわるところではない。況んや博士は、ポツダム宣言に合致して日本国民の意志により樹立さるべきである「日本国政府の窮極的形体」が、まさしく国体に当るものであることを明言されている。政府の形体は政体以外のものではあり得ない。国柄という言葉を用いられるにかかわらず、博士が政体と同じ内容を国体の概念によって云い表わしていることは明かである。そうしてそこにわたくしの第一の疑点がかかっているのである。

かりに政体の概念にかえて国体の概念を用うべき何等かの理由があったとして、第二に理解し難い点は、この国体の概念に該当する事実として挙げられているものである。

何人が国家統治権の総攬者であるか、ということが、国体の概念に該当する事実である。「従来、国体の概念に該当する事実としては、万世一系の天皇が、万世一系であるということを根柢として統治権の総攬者である、ということがあった」と博士はいわれる。これは明治憲法の規定を事実として挙げられたものであるが、明治以後それが事実であったことは何人も疑わないところである。しかし天皇の伝統は国初以来のことであって明治以後に限らない。そこで博士が「国体の概念に該当する事実」と呼ばれるものは、明治以後の事実なのであるか、或は国初以来の歴史を通じての事実なのであるか、という疑問が起るのである。

この疑問は博士が国体の概念を採用していられる限り、非常に重大である。一般社会の考えでは国体の概念を政治的意義に限る場合でも、それが日本の歴史を一貫する特性であることを信じているのである。博士が国体の事実は明治以後の事実であると断わられない限り、この一般社会の考を暗々裏に受け容れていられるのではないかと疑われる。もしそうであるならば、国体の事実が日本国憲法において変更するという博士の主張は、日本の歴史を貫いて存する国体の事実が、ここで変更するという意味になるであろう。もしそうでなく国体の事実が明治以後の事実であるのならば、右の主張は、明治憲法に表現された国体の事実が日本国憲法に於て変更するということに過ぎない。それはもっと簡単に云えば、帝国憲法が日本国憲法に変るということなのである。従って博士の所謂「国体の概念に該当する事実」が右のいずれの事実を指すかということは、博士の主張に非常な軽重の差を生ずることになる。

明治以前においては天皇は久しく統治権の総攬者ではなかった。即ち天皇は国家の意志の発動を全般的につかんでいるという地位にはいられなかった。幕末にアメリカとの条約の問題が起った時、幕府は何百年かぶりに朝廷の許可を求めたが、しかしその許可が得られなくとも、幕府はおのれの権能を以て条約を締結し、そうしてそれは有効に存続したのである。これは国内に非常な反対運動を呼び起し、遂に明治維新となったが、しかし国家の意志の発動としての条約締結を無効としたわけではない。況んや、この開国条約に対応する鎖国令は、日本国の運命に甚大な影響を与えた非常に大きい国家意志の決定であったにもかかわらず、朝廷の意向を全然顧慮せずに発布された。江戸幕府はその初期に朝廷の権限を規定する禁中並公家御法度をさえも自己の責任において制定している。天皇がそれを裁可せられたわけではない。

しかし将軍は天皇から任命せられたものではないか。この任命によって天皇は統治権を将軍に委託せられたのではないか、と人はいうであろう。確かに天皇は将軍を任命するという如き権威を保っていられたのである。しかしこの天皇の尊さは統治権の総攬ということとは別のものである。江戸幕府は注意深く朝廷に権力なき尊厳をのみ残した。将軍はこの朝廷の権威の次序においては非常に下位であったかも知れぬが、しかし国家の意志の発動という点においては最高の地位に立ち、朝廷の容喙を許さなかったのである。しかもそういう権能は天皇から委託せられたものではない。将軍への任命にはそういう意味はふくまれてはいない。将軍が統治権を持つことは既に江戸時代以前に成立した慣習であって、徳川将軍はそれを襲用したに過ぎぬのである。

然らばそれ以前の時代に於て、天皇が将軍に統治権を委託せられたことはないであろうか。それは決してないのである。天皇は鎌倉将軍に対して徴税の権利を与えられたことがある。しかしそれは統治権の委託ではない。もともと武家は治外法権の荘園を地盤として発生したものであり、鎌倉幕府は日本国内に治外法権の私国家を統治するものとして成立したのである。しかもその私国家の統治権の拡大、日本国家の統治権の縮小は、実に戦争によって遂行されたのである。足利時代に至っては、日本の国家組織は崩壊し、多くの小国の分立を結果するに至った。個々の小国には国家の意志の発動を全般的につかんでいるという地位にいる人があったが、日本国としては統一ある国家意志の発動などはなくなったのである。

　これが歴史的な事実である。天皇は数百年の間、国家統治権の総攬者ではなかった。藤原時代のように、天皇の名において事実上摂関が統治権を総攬した時代を入れれば、ほとんど千年近い間、短期間の例外を除いて、そういう状態であった。このことは明治維新の頃人々が単純に認めていたのであって、それを示すのが、「王政復古」という標語である。人々は王政という言葉によって天皇が国家統治権の総攬者である事態を指し、それが長期に亙る廃絶の後に復興されるのだと考えたのである。

　佐々木博士のいわれる如く、「天皇が統治権の総攬者である」ということが国体の事実であるならば、それは千年以前の日本において存し、その後漸次実質を失って、短期間の例外のほかは約七百年間あとを絶ち、明治維新において復興され、帝国憲法によって明かに表現された事実にほかならない。即ち日本の歴史を貫いて存する事実ではなく、千年前の事実であり、また明治以後に復興された事実なのである。千年前の事実は既に千年間も埋没していたのであるから、それが今なくなるということは問題ではない。問題になるのは、明治以後、特に帝国憲法において確立された事態が、今変更する、ということである。

　とすると、佐々木博士が「国体は変更する」として強く主張しようとせられることは、長期に亙る歴史的存在としての日本国に何か重大な変更が起るということではなく、明治以後に日本に建てられた政体が、過去の日本にとって別に珍らしくもない状態の方へ、一歩近づいたような変更をうける、ということに過ぎないのではなかろうか。それを博士が非常に重大な問題のように主張せられるのが、わたくしにはどうも解らないのである。

佐々木博士は、日本国憲法によれば天皇が統治権総攬者であるという事実は全くなくなる、ということを非常に熱心に主張せられた。それに対してわたくしは、明治以前七百年間天皇は統治権総攬者ではなかった。それだのに博士は何故事珍しそうにその「なくなる」ということを力説せられるのであろうか、という疑問を提出した。しかし考えて見ると、前にそういう状態があったからといって、今そうなることが好いとは云えない。前の状態が好ましくない状態であったとすれば、今そうなることも好ましくないに相違ない。そこで問題は、統治権総攬者であるということが天皇の意義にとってそれほど中枢的なものであろうかという点に移る。もしそれが中枢的なものであるならば、この七百年或は千年に亙る日本の歴史において天皇はその中枢的な意義を失っていたことになる。もしそうでないならば、統治権総攬者でないにもかかわらず七百年或は千年にも亙って尊皇の伝統を持続したところに、天皇の中枢的意義が存すると見なくてはならぬ。

天皇という言葉は漢語であり借りものであって、本来の伝統を示したものではない。天皇という漢字を借りた後も初めは「すめらみこと」と訓まれていた。即ち我々の古い祖先、神話を語り伝えた祖先は、上御一人を「すめらみこと」として把捉していたのである。「すめら」は「すべる」「統一する」の意であり、「みこと」は敬語であるから、「すめらみこと」はすべられるということを尊んで言った言葉である。今風にいえば統一の働きを人格化したものといえるであろう、とすれば「すめらみこと」は本来国民統合の象徴であったのである。

このことを我々は天皇の起源にさかのぼって論証することができる。天皇を生み出した地盤は原始社会における原始的な祭祀（cult）である。王の呪術的起源ということは世界に共通な事実であって、我国に限ったことではないが、我国では不思議にこの原始的伝統がさまざまのメタモルフォーシスを経つつ後の発展諸段階のうちに持続して行ったのである。ところで原始宗教の地盤から天皇が発生したということは、原始集団の人々が集団の生きた全体性を天皇において意識したということを意味する。原始人は集団の全体意志という如きものを考えたり認めたりすることは出来なかったが、しかし祭祀を通じて全体意志は形成され、祭祀によってそれは発動した。その際にこの全体意志を表現する地位に立ったのが天皇なのである。だから天皇は初めから集団の統一の象徴であったということができる。

このような天皇の本質は勿論統治権の総攬者として発展した。まつりごと（祭事）を司るということが、やがてまつりごと（政治）を司るという意味に変って来たのは、この事態を示している。しかし統治権を総攬するという働きを離れても、統一の表現者としての本質は存続し得る。それを最もよく示しているのが、日本国家の最も甚だしく分裂した時期である。その時には天皇のみならず将軍も、また幕府の幹部たる有力な大名たちも、統治権を総攬する力を失った。統治権はそれぞれの分国の大名の手中にあった。従って政治的には日本国の統一は全然失われていた。

しかし丁度その時期に、日本国民の統一の象徴として、天皇の存在がはっきりと意識せられていたのである。この事実を我々は室町時代の民衆のものである物語や謡曲などから立証することができる。いかに有力な大名もかかる統一の象徴とはなり得なかった。ただ天皇のみが、何の権力もなく何の富力もなかったにかかわらず、日本国民の統一を示し得たのである。

かく考えれば天皇が日本国民の統一の象徴であるということは、日本の歴史を貫いて存する事実である。天皇は原始集団の生ける全体性の表現者であり、また政治的には無数の国に分裂していた日本のピープルの「一全体としての統一」の表現者であった。かかる集団或はピープルの全体性は、主体的な全体性であって、対象的に把捉することのできないものである。だからこそそれは「象徴」によって表現するほかはない。その象徴はいろいろなものであり得るであろうが、わが国民は原始的な祖先が人類通有の理法に従って選んだ象徴を伝統的に守りつづけたのである。ここに我々は天皇の担う中核的な意義を看取することができる。

とすれば、日本国民の全体性と天皇とは別なものではない。日本国民の全体性を対象的に示すものが天皇なのである。しかしそれは天皇が直ちに日本国民の全体性だということではない。両者が同一であれば一が他の象徴であることはできない。天皇はあくまでも主体的な全体性とは異ったものである。しかしその異ったものに於て、それにもかかわらず国民の全体性が表現せられるところに、初めて「象徴」の意義は成り立つのである。もし象徴の概念が在来の法学に欠けているならば、この概念を久しく取り扱って来た哲学から取りこめばよいであろう。

かかる象徴の意義を天皇の本質として把捉しつつ日本国憲法第一条をよむと、そこに規定された天皇の地位は、室町時代や江戸時代の天皇と異なり、遥かに多く統治権の総攬ということに近づけられている。室町時代や江戸時代においては天皇は明白に日本国民統合の象徴ではあったが、日本国の象徴であったとはいい難い。しかるに日本国憲法はまず第一に日本国の象徴という規定をかかげているのである。のみならず更に「この地位は、主権の存する日本国民の総意に基く」とさえも規定している。これは天皇が主権的意志の象徴であることをさえも指示しているのである。

かくの如き見地に立って佐々木博士の所論を見ると、ちょうどこの同じ規定が「天皇は統治権総攬者でなくなる」ということの唯一の論拠として挙げられているのに驚かざるを得ない。博士によると、「主権の存する日本国民ということは、明かに、統治権の総攬者が天皇でないということを示すものである。」しかしこの規定において主権の存するのは「国民の全体性」であって国民を形成する個々人ではない。英訳に用いられる people の語は集団としての国民を指していると思われる。従ってこの個所は「日本国民の主権的総意に基く」というのと同じ意味に解してよいであろう。しからば主権を持つのは日本国民の全体意志であって、個々の国民ではないのである。勿論個々の国民も全体意志の形成に参与する限り主権に参与している。しかし個別意志と全体意志とは次序の異ったものである。国民の全体意志に主権があり、そうしてその国民の統一を天皇が象徴するとすれば、主権を象徴するものもほかならぬ天皇ではなかろうか。国民の統一をほかにして国民の全体意志は存しないであろう。かく考えれば「日本国民なるものが統治権又は統治権総攬の権を有するものであって、天皇が有せられるのではない」という博士の断定は、まことに不可解のものとならざるを得ない。

わたくしは前に天皇が統治権総攬者でなくなっても天皇の本質的意義に変りはないことを見て来たのであるが、右の如く「日本国民統合の象徴」としての天皇が日本国民の主権的意志の表現者にほかならぬとすれば、天皇の本質的意義に変りがないのみならず更に統治権総攬という事態においても根本的な変更はないといわなくてはならぬ。

しかし右の如く天皇の本質的意義を統治権総攬者ということからひき離して把捉することは、佐々木博士が最初に立てられた国体の概念の区別を無視し、政治の様式より見た国体の概念と精神的観念より見た国体の概念とを混淆することになりはしないであろうか。この混淆は博士によれば問題の正しい解決を不可能ならしめるものなのである。

この問題に突き当ると共にわたくしは博士が「精神的観念より見た国体の概念」と呼ばれるものに対する疑問を提起せざるを得ない。この場合には前の場合のように「政体」の概念で間に合うはずのところを何故強いて「国体」の概念に変えるかという疑問は起らないが、その代り国体の概念の内容そのものが解らなくなるのである。博士はこの概念を、「国家について、国家に於ける共同生活に浸透している精神的倫理的の観念という面から見て、如何なる国柄のものであるか」という形に云い現わされている。して見るとこれもやはり国家の問題である。国家は政治的構成体であるから、いかに精神的倫理的の観念から見ても、政治の様式と離れることはできない。従って我国独特の君臣関係であるとか、忠孝一本の理想であるとかいう如きことが、ここで問題とされる。博士が指していられるのも恐らくこの種の国体の概念であろうと思われる。

ところでわたくしが前に天皇の本質的意義としてあげたのは「日本国民統合の象徴」という点であって、必ずしも国家とはかかわらないのである。もし「国民」という概念がすでに国家を予想しているといわれるならば、人民とか民衆とかの語に代えてもよい。とにかく日本のピープルの統一の象徴なのである。それは日本の国家が分裂解体していたときにも厳然として存したのであるから、国家とは次序の異るものと見られなくてはならない。従ってその統一は政治的な統一ではなくして文化的な統一なのである。日本のピープルは言語や歴史や風習やその他一切の文化活動において一つの文化共同体を形成して来た。このような文化共同体としての国民或は民衆の統一、それを天皇が象徴するのである。日本の歴史を貫いて存する尊皇の伝統は、このような統一の自覚にほかならない。

日本の国家はこのような国民を実質として構成せられた。従って或る場合には国家と国民の統一とはぴったり相覆うているのである。しかし歴史の示すところによると、国家が分裂しても国民の統一は失われなかった。即ち国家と国民の統一とは同じものではない。しかるにこの両者の区別を理解せず、尊皇の伝統を直ちに国家のこととして考えたのが、(二)の意味の国体の概念なのである。従って国体の概念そのものが混淆の産物であり、かかる概念を用うる限り問題の正しい解決は到底あり得ないのである。

のみならず国体の概念は、ものを精密に考えようとしない人々によって作られたために、実に不幸な混淆を含んでいる。それは封建的君臣関係と尊皇思想との混淆である。封建的君主は武力によって人民を抑圧し支配したのであって、その人民の統一を象徴するという如き性質は毫末も持っていない。君臣の道といわれたものは、その主君と配下の数百人あるいは数千人の武士との関係であって、数万或は数十万の人民とは全然かかわるところがないのである。そういう主従君臣の関係を「日本国民統合の象徴」たる天皇に強いて結びつけ、国民的統一の自覚である尊皇思想を封建的忠君思想によってすりかえるということが、国体の概念の基調をなしている。これは実に多くの害悪を生み出した考え方である。

このような国体の概念はむしろ捨て去るべきではなかろうか。勿論それは一つの時代に独裁的権力者が有力な武器として用いた概念であり、従って歴史的には重大な概念である。しかしわれわれがそれを用いてものを考うべきではない。

かく考えれば明敏な博士がなお依然として国体の概念を用いられることは、どうも理解し難いこととなるのである。

（昭和二十二年一月）

佐々木博士の教示について

佐々木博士はわたくしの前掲の一文に対し、『季刊法律学』第四号（昭和二十三年六月刊）に『国体の問題の諸論点』を発表し、詳細な教示を与えられた。わたくしの甚だ素人らしい質疑をこれほど真面目に取扱われた博士の寛厚な態度に対しては、先ずもって深い感謝の意を表しなくてはならぬ。

わたくしはあの一文をもって博士の論を問難し論駁しようとしたのではなかった。表題の示しているように、わたくしはただ博士の論文によってかき立てられた疑念を開陳し、博士の教を乞おうとしたまでである。それはむしろ私信をもってなさるべきことであったかもしれない。それが雑誌『世界』に論文の形で発表されたのは、全くわたくしの生活に余裕がなかったからである。わたくしが偶然博士の国体変更論を読んで前掲の如き疑念をかき立てられたのは、昭和二十二年の正月の休暇の間であった。ちょうどその時わたくしは雑誌『世界』の編輯者に対する執筆の約束を果たすべき境遇にあった。休暇を外すとまた講義の準備に追われなくてはならない。従って前掲の疑念を文章に綴るだけの余裕があれば、それを雑誌の原稿の方へまわすほかはなかったのである。その上わたくしは、自分と同じような疑問を抱く人々がほかにもあることを思い、公開の質疑ということに意味がなくもないと思った。しかしそれでも、一月の中頃に『世界』の編輯者へ原稿を渡したとき、その原稿を予め佐々木博士の一覧に供すべきこと、もし博士にして教示を惜しまれないならば、なるべくそれを同時に掲載すべきこと、などの条件を付した。で編輯者は直ちに原稿の写しを作って博士の許《もと》に届け、同時に博士の執筆をも依頼したのである。不幸にして博士の多忙のためにわたくしの望みの通りには行かなかったが、もしその通りに行けば、博士士をあれほどまでに煩わさなくても済んだであろう。

今度の博士の長論文を読んで痛感したことは、わたくしの前掲の一文が措辞に穏当を欠いたために、わたくし自身の案外とするような印象を博士に与えたらしいことである。わたくしは法律学のことに暗く、また法律学的な思惟にも慣れない。それは博士が所々で指摘していられる通りである。従ってわたくしは博士の法律学的な立場や根本思想に対して非難攻撃を加えようという意図を全然持っていなかった。ただ法律学的思惟に慣れないものの心に起った疑念をそのまま開陳して、博士の教えを乞おうとしただけである。その疑念の内容が法律学の範囲を外れるという如きこともその際問題とはしなかった。事柄自体は諸方面に関係しているからである。しかし博士はそれを博士自身の法律学的主張に対する論難として受取られ、かかる法律学的論文としての拙文の不備を指摘せられた。そのおかげでわたくしにはいろいろのことが解った。これは法律学者から見れば滑稽に類することと思われるが、しかしわたくしにとっては事実その通りであったのだから致方がない。

でここには博士の教示によって解ったことを二三書きしるし、前掲の質疑文の結末をつけることにする。

佐々木博士はわたくしが前掲の一文を草するに当って博士の幾多の著作、特に『我が国憲法の独自性』『日本憲法要論』などを参照すべきであったことを指摘し、もしそれらを参照したならばわたくしの疑問はなくなったか、或は他の形に変ったであろうと云っていられる。まことにその通りであって、わたくしの不用意は陳謝のほかはない。しかし博士の国体変更論の読者は必ずしも博士の著作の読者ばかりではないであろうし、従ってわたくしと同じような疑念を抱いた人がほかにもあったであろうことは依然として認めて置かなくてはならぬ。従ってわたくしの疑念の開陳が必ずしも無駄であったとは思わない。

わたくしの疑念の第一は、国体の概念を用いずとも政体の概念で沢山ではないかということであった。もしわたくしが博士の『我が国憲法の独自性』を前に読んでいたならば、わたくしは決して博士に向ってこのような疑問を開陳しはしなかったであろう。今度博士の与えられた注意によって遅まきながらこの書を一読し、国体の概念を立てることを非とする法律学者たちに対して博士がいかに熱烈に戦って来られたかを、はじめて知ることができた。わたくしはこの問題がいわば博士の急所であることを少しも知らずに、ただ博士の雑誌の論文によってかき立てられたままに、博士の論敵の主張と同じようなことを質疑として提出したのである。これに気がついて見ると、今更に冷汗の出るのを覚える。

しかし国体の概念についての法律学者の間の論争の歴史を少しも知らなかったものが、博士の国体変更論を読んだ際に、博士の論敵と同じような考え、即ち国体という如き概念は不必要ではないかという考えを抱いたことは、全然無意義とはいえない。それは、国体の概念を政体の概念から区別して立てることに無理がある、ということの一つの証拠だといえぬでもない。今回博士の教示に接し、更に博士の著書について少しく勉強してみた結果、わたくしは一層その感を深めたのである。

博士は、「何人が統治権の総攬者として定められているか、という点より見た国家の形体、という一つの概念」を立て、これを国体という言葉で現わし、それに対して、「その統治権総攬者が、如何なる方法で統治権を行う、と定められているか」という点より見た国家の形体、という他の一つの概念を立てて、それを政体という言葉で現わされる。従って政体の概念と国体の概念とは同じでない。主権の所在に着目して君主国体、共和国体などということはできるが、君主政体、共和政体などということはできない。君主国体を持つ国において、その君主がいかなる仕方で統治権を行うかに着目したとき、そこに立憲政体とか、専制政体とかをいうことができるのである。なるほどこの区別は、それだけとしてはまことに明白であって、この区別そのものが不明瞭だということはできない。従ってこれらの概念が一般に通用し、イギリスの国体とかアメリカの国体とかいうような用法が普通に行われるようになりさえすれば、それでもよいであろう。ところが中々そうは行かないところに問題があるのである。一方では君主政体、共和政体というような用法が、依然として行われている。他方では、国体の概念がどうも東西古今の他の国々に適用しにくい。アテーナイの国体の変遷などと云って見ても、しっくりしない。アテーナイの国家において、「何人が統治権の総攬者として定められているか」という点より見て、その国家の形体が変遷したことは、実際にあるのであるから、アテーナイだからと云って国体の概念が適用せられぬ筈はないのであるが、どうも場違いの感じがつきまとう。それは単に言葉の問題であって、概念の問題ではない、と云って見ても、国体という言葉でその概念を現わす限り、概念そのものが適用できなくなるのであるから致方がない。それに反して、政体という言葉で「何人が統治権の総攬者として定められているか」という点より見た国家の形体という概念を現わすことにすると、アテーナイの政体の変遷といっても、イギリスの政体といっても、またわが国の政体と云っても、どこにも不都合を感ぜずに通用する。言葉の相違で同じ概念がその適用の範囲を異にしてくるのである。概念をさえ明確に定義して置けば、それをどの言葉で呼んでもかまわない、というわけではない。

佐々木博士も勿論、国体という言葉が、「何人が統治権の総攬者として定められているか、という点より見た国家の形体という概念」だけを過不足なく現わしうる言葉だと考えていられるわけではない。同じ言葉で全然内容を異にする他の概念が現わされていることをも十分に注意していられる。従って博士は、「政治の様式より見た国体の概念」と「精神的観念より見た国体の概念」とを厳密に区別し、その混同をきびしく警められるのである。がこの区別を絶えず念頭に置かなくてはならないということは、国体の概念が不明確だからではなくして、実に明瞭極まるこの概念を国体の概念と呼ぶが故なのである。即ち国体という言葉の問題である。国体の語によってこの概念を現わすが故に、右の如き混同の危険を絶えず警戒していなくてはならないのである。それならば、この概念が重要であればあるほど、そういう混同の恐れのない言葉でそれを呼ぶべきではなかろうか。しかもその混同の恐れがないということは、同時に、どの国家についても摩擦なしに適用することができるという効果を伴っている。政体という言葉がちょうどそういう役目をつとめるのである。

わたくしは前掲の質疑文を書いたとき、政体という言葉が以前からそういう風に使われていると漠然考えていたのであるが、今回博士の著書を読み、問題がそう簡単でないことを知って、今更自分の無知を恥じた。しかし同時に、有力な法律学者たちが、佐々木博士の国体と名づけられる概念をすでに政体と呼んでいること、また博士が政体と名づけて国体の概念から区別していられる概念を政体の種類、或は政体の再分類として取扱っていることなどを知って、大いに意を強うした。その方がはるかに簡明である。政体という言葉には、君主政体、共和政体などと呼ぶことを不可能にするような何ものも付着していない。とともに統治権の発動の仕方をのみ意味すべきような特殊の性格もない。とすれば、国体という言葉を用いることによって、「国体の問題を迷路に導くの原因」となるような混同のおそれを伴うに至った国体の概念は、むしろ使わぬ方がよいのである。

博士はそれにもかかわらず、国体の概念と政体の概念とを区別して用いることが必要であるといわれる。その根拠は、曾てのわが法制のなかに国体とか政体とかいう言葉が別々の意味で用いられ、また一般社会においても同様な用法が行われていた、ということである。博士は、これらの実際に用いられている言葉の意味を判明ならしめ、それを概念にもたらすのが、学者の任務である、と考えられる。そこで博士は、国体や政体の語の用語例を、太政官日誌とか詔勅とか、更に政治家や学者の論著とか、のなかに求め、それを博士の主張の論拠とせられた。しかしその諸例のなかには、博士自身も指摘していられる如く、政体の語によって一般に統治の様式より見た国家の形体を指している場合もあり、また国体と政体との区別の明瞭でないものもある。必ずしも一義的に定まっていたとはいえぬ。博士が自説に都合のよいように解釈された用例でも、それと反対の意味に解釈できるものもあるようである。従ってこれらの用例からだけでは、統治様式から見た国家の形体を政体という言葉で現わしてはならないという結論は出て来ない。それに対して国体の語の用例のなかには、「政治の様式より見た国体の概念」と「精神的観念より見た国体の概念」とを混同している場合が多い。だからこそ博士は両者の区別を力説せられたのであるが、しかしそういう混同や曖昧さが従来の一般社会や法制などにおける国体の語の用法のうちにあったとすれば、そういう言葉を法律のなかに導入することに対して極力反対することこそ法律学者の任務であったのではなかろうか。国体という言葉を法律に用いた唯一の例は曾ての治安維持法だそうであるが、かかる立法の背後にあった勢力が博士の最も警戒せられている混迷の上に立っていたものであることは、多くいうを要しないであろう。特に国体の護持と私有財産制度の保持とが何らか密接に連関したものであるかの如く取扱ったこの法律は、曾て私有地私有民の廃止を敢行せられた皇室の伝統を全然無視したものであって、尊皇の立場から云っても悪法というほかはない。がどんな悪法であるにしろ、すでに法律のなかに国体の語を用いたものがある以上は、この語がいかなる概念を現わすかを厳密に考究する必要がある、ということはいえるであろう。しかしそれならば、国体の語を用いる法律が廃棄せられた後には、国体の概念もまた必要がなくなったといえるのではなかろうか。

わたくしの質疑の第二の点は、「博士が国体の概念に該当する事実」といわれるものに関している。この質疑に対して博士は、ここに事実というのが「法律事実」であって「社会的事象」ではないこと、従ってその事実は国家の法が定めるのであり、法の定めを外にして明かにすることのできないものであること、更にその法は、その国体のことを考える時の法であること、などを教示された。それによってわたくしの疑問は一応氷解したといってよい。わたくしは、国体の概念に該当する事実は当然法律的事実として厳密に限定されている、というふうな法律学的思惟に慣れないために、博士のいわれる事実の意義を誤解していたのである。

ところで右のように博士の所説が明かになって見ると、前掲の質疑文のなかで、博士の国体変更の主張は、単に、「明治憲法に表現された国体の事実が日本国憲法において変更するということに過ぎない」のであるかと疑った、それが当っていたことになる。博士によれば、帝国憲法がわが国の現行法として存する時代には、この憲法によって国体の概念に該当するわが国の法律事実が定められ、従ってわが国がいかなる国体をもつかが定められていた。今や日本国憲法の下にあっては、この新らしい憲法によって国体の概念に該当するわが国の法律事実が定められ、従ってわが国がいかなる国体をもつかが定められている。帝国憲法の時代においては、わが国の国体は、万世一系の天皇が統治権を総攬するという国体であった。今や日本国憲法の下においては、日本の国体は、国民が統治権を総攬するという国体である。国体は明白に変更した。帝国憲法以前の国体がどうであったかということは、この国体変更の問題と関係がない。わたくしが質疑文のなかで日本の歴史について述べていることは、この問題にとっては皆無駄なことである。

たしかにそうもいえるであろう。もし人々が博士と同様の国体の概念を持ち、博士と同様にそれに該当する事実を厳密に法律的事実として解するならば。しかし今日なお「日本の国体」について云為せられる場合に、その国体は「国民が統治権を総攬する国柄」という意味であって、天皇の伝統と関係はない、といえるであろうか。憲法は変った。憲法によって定められた国体は、もはや一二年前の国体ではない。曾ては天皇制擁護が国体護持の立場であったが、今はそれが国体を変更せんと意図する立場になる。国体護持とは民主制を守ることである。という風なことが、何の摩擦もなしにいえるであろうか。今や日本の国体の模範はアメリカの国体である。この国体の精華を発揮せんがためには、ワシントンやリンカーンの業績に学ぶところがなくてはならない。という風なことも、素直に一般社会に通用しているであろうか。わたくしにはどうもそうは考えられない。

それは一般社会が憲法改正によって国体の変ったことを十分認識しないからである、というべきであろうか。しかし一般社会は憲法改正によって、天皇の統治を規定する条文の代りに主権の存する国民の総意云々の条文が現われたことを十分承知しているのである。その認識にとっては、日本の政体は変った、在来の君主政体の代りに、今は民主政体が樹立された、といった方が、事態は明瞭なのである。それは結局言葉の問題に帰着するかも知れぬ。何人が統治権の総攬者であるかを内容とする一つの概念は、天皇の統治の下にあっては、国体という言葉で現わしても不都合はなかった。しかるにその同じ概念は、国民主権の下においては、国体という言葉で呼ぶにふさわしくない。例えば民主主義の理解を広める啓蒙運動を国体明徴運動と名づけて見ても、恐らく通用はしないであろう。ということになると「何人が統治権の総攬者として定められているか、という点より見た国家の形体という一つの概念」は、その概念さえ明確であれば、国体という言葉で呼ばれようと、政体という言葉で呼ばれようと、どちらでもよい、とはいえないのである。それを国体と呼べば、或る時代については通用し他の時代については通用しない。しかるにそれを政体と呼べば、いずれの時代にも通用する。して見ればこの問題は結局第一の問題に帰着するといってよい。博士が国体変更論において云おうとせられたところは、憲法の改正によって何人が統治権の総攬者であるかという点の規定が変ってくる、従ってその点から見た国家の形体も変ってくる、ということなのである。それを国体の変更と呼ばずに政体の変更と呼ばれたならば、少くともわたくし自身は、前掲の如き疑念を起さずにすんだであろう。

わたくしの第二の質疑は、以上の如き博士の論点を明確に把捉せず、もし「日本の歴史を貫いて存する国体の事実」がここで初めて変更するという意味ならば、それは日本の歴史的事実に合わないではないか、ということであった。これは統治権の総攬者に関して帝国憲法の定めていたところが日本国憲法において異った規定をうけるという博士の主張に直接関係のあることではない。従って前掲の質疑文の大部分は博士の問題に無関係である。がそれにもかかわらず博士は、この部分に関しても教示を惜しまれなかった。それによれば、帝国憲法が制定せられる以前の永い期間においても、天皇が統治権の総攬者であるという法律事実は存している。従って、日本の歴史を貫いて存する国体の事実が、日本国憲法の制定によって初めて変更したのである。それは日本の法律事実についての歴史、即ち法制史的な事実としての歴史を見れば明かなことである。それを歴史的事実に合わないと考えるのは、法律事実としての歴史的事実を考えないからにほかならぬ。

博士によれば、「統治権の総攬」と「統治権の発動」とは別のことである。統治権の総攬というのは、統治権という国家の包括的意思力を全体としてつかんでいること、云いかえれば統治権の源泉であることであって、特定の場合に個々の事項について統治権を発動してこれを行うということではない。統治権の総攬者は統治権を行うことを他のものに委任することもある。徳川幕府が統治権を行うていたのは、天皇により統治権を行うことを一般に委任されていたと解すべきである。そう解すれば天皇が統治権の総攬者でなかったということにはならない。問題はそういう一般的委任が果してあったかどうかであるが、それは法制史家の論断に俟つほかはない。がたといそういう委任がなかったとしても、委任なくして統治権を行った武将たちは、違法の行動にでたのだというべきである。それを違法たらしめるのは、天皇を統治権総攬者とする国初以来の不文の法である。従って委任なしで統治権を行うものがあったとしても、天皇が統治権総攬者でなかったということにはならない。

なるほど、そう解釈すればその通りである。わたくしは統治権の総攬ということを統治権の発動と引き放して考えていなかった。「国家の包括的意思力を全体としてつかんでいる」ということは、単に「統治権の源泉」であるということにとどまらず、個々の統治権の発動の中にその原動力として働いていることであると考えていた。しかし博士の云われるように、統治権総攬者が統治権の行使を他に委任して、みずからはその統治権行使者の定める掟に否応なく従わせられ、いかにおのれの意志に反する決定であってもそれを合法的なものとして認めなくてはならない、ということがあり得るとすれば、わたくしの考え方を変えなくてはなるまい。がその場合でも、その委任が何百年かの長期に亙って行われ、その間、統治権総攬者が少しも統治権の発動に関与しなかったということになると、統治権総攬とは「国家の包括的意思力を全体としてつかんでいる」ことである、という説明と、どうもしっくり合わないように感ぜられる。

歴史的事実からいえば、この委任という考え方は、将軍の絶対的専制を根拠づけるためのものであった。松平定信が老中就職に際し将軍に上った意見書によれば、日本国は将軍が朝廷よりあずかったものである。すでにあずかった以上は、将軍はこれに関して絶対の責任に任ずるとともに、また独断専制をもってその職掌を行わなくてはならぬ。これが職掌を尚ぶ所以である。かくして幕府は政治上のことに関しては朝廷に些かの権能をも認めなかった。即ち江戸時代の政治家は将軍の任命をもって統治権の一般的委任と認めていたのである。しかしこれは朝廷を押えるための幕府側の解釈であって、朝廷側の取っていた解釈ではない。しかも幕府がそれを押し通し得たのは、すでに古くから朝廷が政権を失い、武士たちが実際に統治を行っていたからである。即ちそれは実力関係であって、法の定めた関係ではなかった。

武士が実力をもって統治を行いはじめたのは鎌倉幕府であるが、この時には天皇を戴く京都の政府、即ち朝廷と、武家の政府たる幕府とが対立したのであった。京都の政府が日本国の政府であったという点よりいえば、幕府は日本国の法律の支配をうけない私国家の政府であったといってよい。そういう私国家の中で制定された法制が武家法制であって、明かに日本国の法制即ち朝廷の法制と異なるものであった。幕府は朝廷の法制や律令の規定を改めようとしたのでなく、それらのほかに新らしくおのれのものを作ったのである。国家のものを公と呼ぶならば、武家のものは私というほかはない。公の国家の統治権総攬者である天皇が、その国家内に発生した私の統治を認められたのは、実力関係であって委任ではなかろう。将軍が朝廷を強要して守護地頭の任免権や軍費の徴収権を得たのは、或は部分的な委任を獲得したことになるのかもしれぬが、しかしそれは立法権やその他の権力の委任ではない。のみならず天皇の政府と武家の政府とは対立していたのであり、時には武力をもってさえも争ったのである。その間に定められることが実力関係にもとづき、法の定めによるのでなかったことは認めなくてはならぬ。やがて京都の政府は武力に訴えて鎌倉幕府を倒したが、しかしその時にはもはや武士の組織も、その立てた法制も、抜くべからざる根をおろしていた。足利氏は京都に幕府をたてて、天皇の政府を無力のものにした。がこの際にこそ、統治権の委任が得られなかったことは最も明白に示されているのである。足利尊氏はこの問題を解決するために実力をもって北朝の天皇を擁立した。それでもなおこの現象は、足利氏さえも天皇を奉戴する必要を感じた、ということを示すのであるから、天皇を統治権総攬者とする不文の法はここでもちゃんと働らいている、と一応はいえるかもしれない。がそうして作られた京都の幕府がやがて統治権を行う力を失い、分国に拠る大名たちが、おのれの領土内に実施すべき法律、即ち「国法」を制定して、みずからその領土の統治を行いはじめた時は、どうであったろうか、彼らはそれを実力にもとづいてやったのであって、どこからも委任を受けてはいない。さらにそれらの大名の統治の力が弱まったとき、民衆が武士を追い払って立てた自治政府は、民衆の合議によって立法も行政も司法も行っていたが、そこには統治権を武士の手から奪取したという意識のみがあって、その統治権の源泉を問題としていない。

　これらのことはすべて社会的事象であって法律事実ではないであろうか。日本の法制史は右にあげた武家法や国法を当時の現行法と認めている。統治権総攬者の委任によらず、実力によって立法したものである故に、それらは違法の立法による違法の法律であったという論もきかない。朝廷の法制や律令格式は何人も廃棄を声明しなかったにかかわらず、おのずからその効力を失い、それに代った武家法や国法は、統治権総攬者の委任によって立法せられたものでないにかかわらず、立派に現行法として通用していた。そういう状態が何百年も続いていたあとであるから、徳川氏が国内の戦争に勝って日本国を統一したときには、統治権を行使するのを当然のことと考えていたのである。将軍は日本国を朝廷からおあずかりなされたのだ、という風の解釈は、ずっと後になって出て来たものにすぎない、そういう解釈を武家法や国法の制定の時代にまで溯らせることは、法制史的事実には合わないであろう。

　わたくしは以上のような法制史的事実を前にして、これらの時代には天皇は国家の意志の発動を全般的につかんでいるという地位にはいられなかった、と云ったのである。しかしそれは、天皇がその伝統的な尊貴の地位を失われた、ということではない。天皇は将軍を任命する地位にいられた。ただその尊貴な地位が、佐々木博士のいわれる統治権の総攬ということとは別の意味を持っている、というまでなのである。天皇は、日本国家の包括的意思力を全体としてつかんでいる、と法によって定められているが故に、将軍を任命する権威を持たれたのではなく、法律をふみにじることをも恐れない武力の掌握者が、その実力にもかかわらずなお認めざるを得ない伝統的権威を持たれていたが故に、将軍を任命されたのである。太平記によると、足利尊氏は、幾度かの敗戦の後に、皇室に対して弓をひくことが敗戦の原因であることをさとり、遂に北朝の天皇を擁立するに至った。これは事実か否か解らぬが、当時の世間の人々はそう解釈していたのである。これは、前に一応の解釈として示唆して置いたように、尊氏が「不文の法」の前に屈服した、ということではない。彼は法の定めなどに拘束されないが故に武力に訴えて正統の天皇を吉野の奥に追いつめたのである。しかも彼は武力よりも強い伝統的権威を感じ、それを恐れたのである。そういう伝統的権威は、法律によって定められる法律事実というようなものではない。それは国家の統一が失われ、国家の意志の発動を全般的につかむというようなことが不可能になった時代にも、儼然として存した。それは「統治権の源泉」とはいえるかもしれぬが、「統治権の総攬」ということとは全然ひきはなしても存在し得たのである。

　わたくしはこの天皇の伝統的権威が、日本の歴史を貫いて存する事実だと考えるのである。それは天皇が国民の全体性を表現するが故に生じた権威であって、国法の定めによりはじめて成立するのではない。それは厳密な意味での国家の成立に先立って存し、また国家の統一が失われた時にも存続した。国家組織内においては、それは統治権の総攬と結合して一つになることもあるが、しかし統治活動と全然分離してもその意義を失わない。日本の歴史を貫いて存するのはこの事実であって、天皇が統治権の総攬者であるという法律事実ではない。そういう法律事実は明治憲法によってはじめて明白に定められたものであるが、これは日本国憲法によって変更した。して見れば今度変更したのは明治以後の政体なのであって、日本の歴史を貫いて存する天皇の伝統的権威なのではない。この点は今回の佐々木博士の教示に接して一層明かになったと思う。

わたくしは天皇が久しく統治権総攬者でなかったということを主張した関係上、統治権総攬者でなくても天皇には独特な尊さがあったということに言及せざるを得なかった。そうでなくては将軍を任命する天皇が統治権総攬者でなかったことを明かにすることができないからである。がすでに天皇の意義に言及すれば、統治権総攬者ということが天皇の意義のなかで占める位置をも明かにして置かなくてはならない。わたくしが第二の質疑に連関して天皇の中枢的意義に言及したのはその故である。これは主権の所在だけを問題にしていられる佐々木博士の所論にさしずめ関係のないことのように見えるが、しかし天皇の中枢的意義が国民の全体性の表現というところにあり、そうしてその国民の全体性が統治権の源泉であるならば、その天皇を統治権の総攬者と定めることと、国民を統治権の総攬者と定めることとの間には、憲法の条文が表に示しているほど大きい区別は実質的にはないことになるのである。

博士は、日本語の国民という言葉は決して天皇を含まない。従ってわが国においては天皇は国民と呼ばれない。主権が国民にあるとする立場では、主権が天皇にないとするのが当然である、といわれる。法律用語としての国民という言葉がそう決定されていて、それ以外の用法を許さないのなら、わたくしの言っていることはすべて誤りである。しかし日本語の国民という言葉は久しくNation や people の同義語と解せられ、その意味で一つの文化共同体を、（一つの国家組織の中味となっている文化共同体を）指し示している。そういう意味の日本国民は、君主であるかどうかという身分の如何を問題としないで、言語や習俗や歴史的運命などを共同にしている人々をことごとく含むのである。従って天皇が日本国民の一員であることはいうまでもない。ただ天皇が国民の一員として他のあらゆる成員と異なるところは、他の何人もが国民の全体性を表現しないのに対して、天皇のみがそれを表現する地位にあることである。そういう地位は最初に国民の全体意志が定めたのであり、また歴史を通じて国民の全体意志がそれを支持してきたのであって、必ずしも国法が定めたのではない。勿論、国法のなかにこの歴史的伝統が法律的表現を得てきた場合もあるが、それがなくとも、国民共同体の立場において天皇の地位はきまっていたのである。

　この事態のうちに天皇の中枢的意義を読みとるならば、天皇が日本国民統合の象徴であるという規定は、この中枢的意義を云い現わしたことになる。天皇は日本国民の全体意志の唯一の表現者である。そうしてその全体意志が主権を持っている。して見れば、天皇は主権的意志の唯一の表現者である。いいかえれば天皇は統治権総攬の唯一の表現者である。明治憲法は天皇を統治権総攬者として規定した。日本国憲法は、天皇を日本国民統合の象徴とすることによって、天皇を統治権総攬の唯一の表現者として規定した。これらは勿論同じ意味ではない。天皇はもはや統治権総攬という意志作用を行うことはできない。しかし統治権総攬という意志作用を表現しうるものは天皇のほかにはないのである。

かく考えてわたくしは、日本国憲法においても、天皇の本質的意義に変りがないのみならず、更に統治権総攬という事態においても根本的な変更はないのではないかといった。統治権総攬の事態というのは勿論憲法のもとにおいて統治権総攬が実際に行われる事態である。明治憲法の下において、天皇が現実に最高唯一の統治意志の決定者として行動して居られなかったことは、一般に認められていることである。憲法の規定だけからいえば、天皇はおのれの欲する人に内閣の組織を命じ、おのれの欲する通りに軍の統帥をなし得たであろう。しかし天皇は決しておのれの意志をもってそういう決定をなされはしなかった。天皇の名において天皇の意志として発表されたことは、すべて憲法の規定するそれぞれの機関において決定されたことであったのみならず、そういう機関のない場合には、元老の意見を徴し、それをおのれの意志として行動するということさえもされた。それは周知のことであった故に、宣戦の詔勅のなかに「豈朕ガ志ナランヤ」という一句を見出した民衆は、そこにこそ天皇の真の御意志があるとさえ感じたのである。つまり明治憲法の規定する通りの統治権総攬という意志作用を天皇は決してみずから行われはしなかった。そうしてそれが立憲君主としての正しい態度であるということを、上下ともにほとんど不文律のように認めていた。だからポツダム宣言受諾に際して、天皇の現実の統治意志が政治の方向を決定する力として発揮されたことは、極めてまれな例外であった。これが明治憲法の下における統治権総攬の実際の事態である。

この事態は日本国憲法の下において根本的に変更されたであろうか。これまで元老や重臣たちの意見できめられた総理大臣の人選が、今度は議会の指名に変った。これは何といっても改善であるに違いないが、しかし元老たちも曾ては議会勢力を考慮して内閣の後継者を推薦していたのであるから、その頃のやり方と実質的に変りはないのである。そういう推薦によってある人に内閣の組織を命ぜられるのと、国会の指名に基いてある人を総理大臣に任命されるのとは、これも実質的に変りはない。前者は天皇の意志によって命ずるのであり、後者は国民の意志によって命ずるのである、という区別は、ただ名目上のことであって、実質的にはいずれの場合にも、天皇の現実の統治意志が働らいているのではない。しかも天皇は、統治権総攬者でなくなっても、依然として総理大臣を任命し、法律を公布する。そういう任命や公布が行われなければ、国会において決定された国民の意志は、実現されたことにならないのである。即ち国民の意志が命ずるということは、ただ天皇が命ずるという形においてのみ現われるのである。そういう任命や公布は単に名目上の行為に過ぎないのではない。国民の全体意志の作用は、何らか具体的な表現なくしては、現前しないであろう。そうしてその具体的な表現は、国民の全体意志が持っているだけの重さを持った象徴でなくてはならないであろう。国会は国民の全体意志を決定する機関として作られているが、それは直ちに国民の全体意志の担い手ではない。国会の決定にもとづいて国民の全体意志を表現するものは、象徴的に、国民の全体意志の担い手となるのである。即ち統治権総攬者を象徴するのである。わたくしはこの事態をさして、明治憲法下における統治権総攬の実際の事態と根本的な変更のないものと見たのであった。

わたくしの質疑文は行論まことに不精密であって、上述の如き趣旨を十分に現わしていなかったかもしれぬ。しかしその不精密や矛盾について詳しい教示を受けた後にも、どうも右のような考えを改めることはできないのである。

わたくしは質疑文のはじめに、博士と討論しようというのではなく、ただ理解し得ない点をのべて、何故「国体」という如き概念が必要であるかを教えて頂きたいのであるといった。それに対して博士は「国体の概念の重要性」という章を設けて詳しく教示された。国家において統治権の総攬者が定まっているということは、国家の存立の最も根本的のものである。従って国家を認識する場合には、統治権の総攬者ということに着眼し、個々の国家について、その統治権の総攬者が何人であるかを見なくてはならぬ。これは一般に国家なるもの、及び、特定の国家の性格を認識する為に重要なことであると。

これはまことにその通りであって、わたくしには少しも異論がない。それにもかかわらず国体の概念が必要である所以を教えて頂きたいと云ったのは、結局、或人が統治権の総攬者であるという概念を何故に国体という言葉で呼ぶ必要があるか、ということを知りたかったのである。それは右の概念を政体という言葉で呼べば忽ち解決のつく疑問であった。その点については前に述べたからもう繰りかえす必要はない。それは単に言葉の問題に過ぎぬといわれればそれまでである。しかし右の概念を国体という言葉で呼ばれたが故に、現にわたくしのような疑問を抱くものも出たのである。博士の教示によって、博士自身の国体の概念には少しも曖昧なところはなく、また極めて精密に考えられていることが解ったが、しかしそれを国体という言葉で呼ばれたがために、博士の国体の概念について語りながら同時に博士のとは異なる他の国体の概念に言及するというような混乱に陥ったのである。前掲の質疑文の末段に、国体の概念そのものが混淆の産物であるとか、国体の概念はものを精密に考えようとしない人々によって作られたとか、と云ったのは、すべて佐々木博士の国体の概念についてのことではない。従って、国民的統一の自覚である尊皇思想を封建的忠君思想によってすりかえるということが、国体の概念の基調をなしている、といった場合の国体の概念も、博士の国体の概念を指したのではない。博士が極力警しめられた混同に陥っている国体の概念のことである。そういう混淆の産物たる国体の概念が右の如きことを基調として出来上っているというのである。このことは、博士において国体の概念を立てる基調が、「国家の統治権の総攬者が何人たるかを認識すること」「これを認識することが国家の性格を知るが為に重要だ」ということであるのと些かも衝突しない。しかしそのつもりで書いているわたくしの文章を読んで、博士自身さえも、ここでは国体の概念とのみ云って博士のそれと異なることを断わっていないから、一応博士の国体の概念を指すものとして取扱う、といわれる。国体の概念とのみいえばそれほど弁別がしにくいのである。そうすれば国体という言葉をもってこの概念を表わすことは、やはり不便極まることだといわなくてはならない。

わたくしは前後の連関で解ると思うことは、一々詳しく限定をつける気にならない。従って混淆の産物である国体の概念が、「実に多くの害悪を産み出した」といったとき、それが博士の国体の概念を指すと受取られるであろうとは全然予期していなかった。博士の教を乞うてその学恩をうけようとしているものが、博士の提唱せられる国体の概念をさして、「ものを精密に考えようとしない人々によって作られた」などということがあり得るであろうか。わたくしにとっては、この云い方そのものがすでにここにいう国体の概念を博士自身の国体の概念から区別している証拠なのである。しかも博士は、それを博士自身の国体の概念を指すものと解し、「国家の性格を認識して国体の概念を立てることとそのことについては、害悪を生み出すというような問題はない。その概念を立てることの学問理論上の当否という問題は勿論ある。それがよしんば学問理論上当を得ないとしても、それは、学問の理論を誤っている、ということである。そのこと自身は害悪を生み出すというような問題ではない。ここにも教授の所説の論理的正確性が疑われる」といわれる。わたくしの所説が論理的に正確でないということは、論理的能力の乏しいわたくしとして、どうも認めなくてはならないであろうが、しかし前掲の論拠に基いてかく断ぜられることには、直ちには承服するわけに行かない。天皇が統治権の総攬者であるというだけの国家認識上の概念が害悪を生み出すということのないのはもとよりのことである。そういう学問上の概念は、どんな独裁的権力者も、悪用するなどということの出来るものではない。独裁的権力者が有力な武器として用いた国体の概念は、そういう意味以外にいろいろの意味を含んでいたのである。そのような概念をわれわれは捨て去らなくてはならないと云ったのである。

ところでそういう概念を捨て去れば、あとには博士の用いられるような、純粋な、国家認識上の国体の概念だけが残るであろうか。わたくしはそうは思わないのである。国体という言葉を用いる以上、混淆の産物たる国体の概念はすべて捨てられて、「国民が統治権の総攬者である」という国体の概念だけが生きて用いられるということは、恐らく不可能であろう。だからわたくしは博士が依然として国体の概念を用いられることを理解し難いとしたのである。そのいい現わしは不正確であったかも知れない。わたくしは、「何人が統治権の総攬者であるか」という国家認識上の概念を博士が作られることに対して理解し難いと云ったのではない。その概念を国体という言葉で呼ばれることに対してそう云ったのである。

もしそれが政体という言葉で現わされていたならば、いかなる独裁的権力者もこの概念を悪用したり有力な武器としたりすることはなかったであろう。この悪用の際の標語は、国体明徴であった。帝国憲法において天皇が統治権の総攬者と定められているということは極めて明瞭であって、何らそれ以上に明瞭にすべきことはなかったのである。従ってもしそれが政体と呼ばれていたならばまさか政体明徴の運動は起らなかったであろうと思われる。それは単に言葉の問題であるかも知れぬ。しかし決して軽いことではない。

（昭和二十三年七月）

祭政一致と思慮の政治

この一文は、日華事変の起った昭和十二年の、雑誌『思想』十月号に掲げたものである。その頃要路にあった平沼内閣一派が、祭政一致ということを頻りに唱えはじめた。祭政一致などということが現代の政治にとって全然アナクロニズムであることはいうまでもないが、日本の古い伝統から云っても為政者がかかる標語を掲げることは甚だしい誤りである、ということを、わたくしは時事評論としてでない形で——何故なら『思想』は政治に関する時事評論を掲げることのできない雑誌であったから——書いたのであった。その二ヶ月後に短論集『面とペルソナ』を出したが、どうしてそのなかにこの一文を輯録しなかったかは思い出せない。当時すでに右翼の代議士から文部大臣あてにわたくしの大学教授罷免を迫った手紙が出されたりなどしていたが、しかし右の一文に関して特に圧迫をうけた記憶はない。多分この一文を書いたときには、短論集の組版がすでに進んで居り、適当な箇所に配列することができなかったためではないかと思われる。

今度この古い一文をとり出してここに付加したのは、前掲の『国民全体性の表現者』六四頁〔本書34～35頁〕に簡単にのべたことが、この一文においていくらか詳しく開陳せられているからである。なお時代の変遷の考慮から、冒頭の部分で論の主旨に関係のない箇所を二三行削った箇所がある。

祭政一致は我国の古い伝統であるが、しかしそれは厳密にただ天皇に即してのみ云わるべきことであって、天皇の命の下に政治の衝に当る者がその政治の方針として掲げてよいようなものではない。祭政一致の伝統の下にあっても政治には政治の道がある。政治家がこの道を逸脱して祭政一致を標榜するが如きは、我国の神聖なる伝統から見ても、非常な越権なのである。

祭事と政治とはいずれも『まつりごと』と呼ばれる。それはもと一つであって、後に祭事と政治とに分れた。だから祭政一致は、本来二つのものである祭と政とが一致するというのではなく、両者が本来一つのものであったことをいうのである。我国が一つの国として作り成された時には、それは顕著に宗教的な団体であった。このことは我々の視界にある考古学的な材料からも文献的資料からも明確に実証することが出来る。天皇の神聖性は既にこの教団的結合に於てその基礎として存するのであって、法的意味に於ける国家の成立の時に始まるのではない。天皇は祭事の総攬者としての統治者であった。ここに祭と政とが本来一つであるということは極めて明白である。

しかしこのことは天皇の統治の作用が何時までも祭事的であったということを意味するのではない。我国人が初めて政治について反省し始めた時には、既に祭と政とは区別されている。統治者に於いて一つであるものも、その統治の機能に於ては分岐しているのである、我々はその最も顕著な例を記紀に於ける天照大神の描写に見出し得ると思う。

記紀の語るところによれば、神代史の多数の神々の中にあって、最初に「統治者」として生れられたのは天照大神であった。記紀はいずれも大神のこの「統治者」としての性格に顕著な力点を置いている。『書紀』の本文によればイザナギイザナミ両尊は「吾《ワレ》已《ニ》生二大八洲国及山川草木一、何不レ生二天下之《アメノシタノ》主者《キミタルモノ》一歟」として天照大神を生まれた。すなわち両尊の創造にかかるものは一般に大地ではなくして「国土」であり、また単なる国土ではなくして「国」であるが故に、そこに必然に統治者を要するのである。また一書によれば「吾欲レ生二御宙之珍子《アメノシタシロシメスウズノミコ》一」とて左手に白銅鏡を持たれた。そこに化出せる神が天照大神である。鏡と統治者との密接な関係がここに云い現わされている。『古事記』は予め統治者を生まんとする両尊の意図を語ってはいないが、しかし天照大神が生れられた時に「汝命者《ナガミコトハ》、所二知《シラセ》高天原一矣」というイザナギの神の宣言を掲げている。この語り方は書紀の他の一書にもある。これらによって見ればここに「統治者」を物語るという明かな意識の存したことは疑うべくもない。

ではこの「統治者」は如何に描かれているか。天照大神は一面に於ては「忌服屋《イミハタヤ》」に坐《いま》して「神御衣《カムミソ》」を織らしめ給う。これは大神が自ら祭事を行われることを示している。が他面に於ては天の安の河原に八百万の神々を集えて、思金の神をして思わしめて、外交や派兵のことを決せられる。これは祭事ではなくして政治である。大神にあってもその統治の作用は右の両面に分れている。派兵を議する時には祭られはしない。祭られる時には思金の神に思わしめはせられない。

がそれにも拘らずこの両面は大神に於ては一つである。祭事を知らせ給う者としての神聖性は同時に政治を知らせ給う最高の権威である。従って祭と政とは既に分れながらも一つである。

然し大神のこの統治の作用を遂行する者の側にあってはどうであるか。大神は神御衣を織られるために天の衣織女を使われる。またその他にも祭儀のためのそれぞれの司がある。これらの神々は大神の祭事の作用を行うのであって、政治に携わるのではない。同様に大神は八百万の神々を集え、思金の神に思わしめて政治を行われる。大神はいつも問われるのみであって、自らの意志により命ぜられるのではない。神々を集えること、思金の神をして思わしめることが大神の政治を知らす仕方である。そこで大神の政治の作用を行う者は、大神の命令として妥当すべきものを、その集議と思慮とによって作り出さねばならぬ。この仕事は決して祭事ではない。もし祭事に頼ってその思慮の努力を放擲するならば、それは大神の統治の作用を阻むことである。かく見れば大神の統治作用を遂行する者の側にあっては、祭と政とは截然として別れている。決して混同されてはならない。

この事は特に政治の側に於ける思金の神の役目によって明示されている。思金神、或は思兼神は、大神の諮問に応じて「思うこと」を役目とする神である。『書紀』の一書には、「時有二高皇産霊之息思兼神《ト》云者一、有二思慮之智一」と記されている。本居宣長も「思金」の語義を釈して、「思《オモヒ》は……思慮《オモヒハカリ》なり。金《カネ》は兼《カネ》にて、数人《アマタヒト》の思ひ慮る智《サトリ》を、一《ヒトリ》の心に兼持《カネモテ》る意なり」という。明かに思索、思慮、智慧を具体化せる神である。かかる神は記紀の多数の神々の内にもこの神の他にない。しかもこの思慮の神、智慧の神が特に政治と結びついているのである。『古事記』は天孫降臨を語るに際して、「思金神者、取二持前事《ミマヘノコト》一為レ政」という神勅を記している。この「為政」は宣長によって「マヲシタマヘ」と訓まれているが、その理由はこうである。前事《ミマヘノコト》は鏡を御魂として降された大神の御前の事であって、天孫の御前の事ではない。そうしてその「事」は単に「祭祀《マツリ》の行事《ワザ》」をいうのではなく、大神の御魂が天下の万事を思量し、処分《はら》い、掟づけ給うところの「御政《ミワザ》」をいうのである。また「取持」は「身に負持《オヒモチ》て、執行《トリ》ふ」の義であるから、「取二持前事一」の句は既に政治の責任を負い執行することを云い現わしている。もし更に「為政」を「マツリゴチテヨ」と訓めば、同じ言が重複することになる。ここはただ「義《ココロ》」をもって為政と書いたのであって、この字に拘泥する必要はあるまい。従って他の場合に「執二食国之政一以白賜《オスクニノマツリゴトトリモチテマヲシタマヘ》」と書かれた例にならい、「トリモチテ、マヲシタマヘ」と訓むべきである。この宣長の主張は一般に受容せられているようであるが、しかし「為政」を「政せよ」と訓んではならないというほどに強く人を説服し得るものではない。宣長自身も「義《ココロ》」においては為政であることを承認しているのである。従って御前の万事を責任を以て執り行うのが「政を為すこと」であり、そうしてそれが思金の神の役目とされている、という点に於ては異論はない。『古事記』は明かに意識して思金の神を為政者として物語っているのである。して見れば思金神は我国に於ける「為政者」の最も古き典型に他ならない。神代史を物語った人々の間にあっては、為政者はかくあらねばならぬと考えられていた。然るにその為政者の本質は、「思うこと」であり、「思慮の智」である。思慮を好くせずしては為政者は責任を以て事を執り行うことが出来ない。かかる為政者は、如何に祀ることに熱心であっても、その任をつくすことは出来ぬのである。尤も、思うことを司る者は、同時にまた祀り方に就ても思う必要があるであろう。それを示しているのは、天照大神がスサノオの尊の乱行によって神聖を冒瀆せられ天の岩戸に籠られた時の物語である。その時には八百万の神々は大神に召集せられずして自ら集まり、如何に禱るべきかを議した。そうして思金の神をして思わしめた。ここに思金の神が「深謀遠慮」によって考え出した祭り方は、鏡、玉、天占《フトマニ》、神懸り、御幣《ミテグラ》、祝詞《ノリト》などによる祭儀である。即ち思金の神は祭儀をも考える。しかし考えるのは自ら祭儀を行うことではない。祭事を行う者としては別に天の児屋の命、布刀玉の命等、それを専門とする者がある。為政者は祭事に就ても充分慮らねばならぬが、しかし祭事は祭事であって政治ではない。為政者の任務は何事に就てでもあれ思い慮るところにある。たとい祭事を慮る時であっても、為政者はその思慮そのものに祭事を混入してはならぬ。それによって思慮の任務は反って阻害されるのである。

以上の区別は記紀において極めて明白である。そうしてこの天照大神の統治は、云わば天皇の統治の原型なのである。このことは既に神代史を物語った人々が自覚していたところであって、天孫降臨の物語の如きはそれを明白に云い現わしている。周知の通り古事記によればその際天照大神は天孫に祭儀を司る五伴緒、三種の神器、常世の思金神、手力男の神、天の石門別の神をつけられた。が、その中で特に神鏡と思金の神とに関しては詔を下されたのである。

此之鏡者、専為《トシテ》二我御魂一而、如レ拝《イツク》二吾前一伊《イ》都《ツ》岐《キ》奉《マツレ》。
次思金神者、取二持前事一為レ政。

この伝は『書紀』にはない。が祭と政との関係を考察するためには最も意義深い個所であると云って好かろう。天皇は天照大神の神統を継がれた現神として、祭政を一にして居られる。がその祭政は神鏡と思金神とに分岐して天孫に付嘱せられたのである。『古事記』は更に「此二柱神者、拝二祭佐《サ》久《ク》久《ク》斯《シ》侶《ロ》伊《イ》須《ス》受《ズ》能《ノ》宮《ミヤ》一」と伝えている。伊勢神宮には神鏡と共に永遠の思索の神が祀られているとするのである。この伝は伊勢にはない。『神名帳』は相殿神二坐として神名を記さず、『儀式帳』はこれを手力男の神、豊秋津姫の命とし、『倭姫世記』は天児屋ノ命、太玉ノ命とする。『大日本史』は『倭姫世記』の説を取っているが、宣長はこれを非とし、「天手力男ノ神とは思金ノ神を誤り伝へたる物なるべし」と断じている。「力」の神と「智慧」の神とが一つの神坐を争っていることになる。がそれは後世のことである。我々の問題としている神代史の物語にあっては、『古事記』が明かに思金の神を伊勢の祭神とした他には、それに対抗する何の伝えもない。天照大神の御魂の側には為政者の理念を示す思金の神が副い奉っているのである。

我国に於て『政治』についての最も古い反省が示すところは、以上の如く、為政者が思慮を本質とするということである。これはあらゆる現実の為政者に対して思慮を本質とすべしという要求となって働く。政治についての理論は、我国に於ては、この伝統に添うて発展した。聖徳太子の憲法に見らるる政治の理論がそうである。大宝令の根柢に横わる政治の理論もそうである。政治は道理を実現しなくてはならぬ。道理の把捉、その実現の手段の考量、すべて思慮の働きに俟つものである。公家の政治は実際に於て藤原氏の「利己主義」に蝕《むしば》まれたとは云え、理論に於ては道理を把捉し実現する思慮の政治であった。「力」の政治が優越となった後にも、これを批判する『愚管抄』や『神皇正統記』の政治理論は、常に思慮の政治の立場に立っている。覇道政治の思想が日本に伝わったのは王道政治の思想と共に古いと思われるにかかわらず、それが理解せられまた主張せられたのは戦国時代以後である。それまでの永い間、「力」の政治が現実に於て行われた時にさえも、「力」を原理とする政治理論は遂に作られなかった。思金の神の支配がそれほど強かったのである。

中公クラシックス版増補

佐々木惣一著作

『天皇の国家的象徴性』序

日本国憲法が帝国憲法の改正として制定施行せられて、天皇は、統治権総攬者ではなく、国家的象徴である、ということとなり、そして、国民が統治権総攬者である、ということとなった。即ち、天皇の本質が変更し、従て、わが国家の政治的基本性格たる国体は変更した。このことは、われわれが、日本国憲法の規定するところを、帝国憲法の規定していたところと比較して、素直に解釈するとき、疑うべくもない。ただ次のことを注意しなくてはならぬ。国体が変更した、というのは、事そのものを認識するのである。事の善し悪し、好き嫌いは、全く別である。こういう見地で、私は、一昨々昭和二十一年十一月号の「世界文化」誌上、「国体は変更する」と題する一文を公にした。これに対して、当時東京大学の教授であった和辻哲郎博士は、一昨昭和二十二年三月の「世界」誌で、「国体変更論について佐々木博士の教を乞う」と題して、前示拙論中の鄙見について質問せられ、又質問の形で数々のことを教示せられた。私は、昨昭和二十三年度刊行の「季刊法律学」第二年第二冊において、「国体の問題の諸論点——和辻教授に答う——」の一文を公にして、和辻博士の問教にお答えした。私の答のかくおくれた事情は答の一文中に明にしてある。和辻博士の問教に端を発した、博士と私との間の、論議はこの私の答ですんだものと、私は考えていた。ところが、昨二十三年の何時頃であったか――正確には覚えていないが、夏から秋にかけての頃であろう――或日「表現」という雑誌が突如私の宅に舞い込んで来た。何人が送ってくれたのかわからない。いぶかしがりながら開けて見ると、和辻博士の「国体変更論についての佐々木博士の教示をよむ」という論文が載っている。「なるほど、これでだな」と、誰かが雑誌を送って来たわけもわかって、読んだ。けれども、私の既に示してある所見に関する限り、論点そのものとしては別に新しいものを見出さなかった。読後感は勿論あった。併《しか》し、学問的には、この上更に何か書くという興味も起らなかったし、又、書けば自然同じようなことを繰り返して読者に寧ろ迷惑をかけることとなるかも知れぬと思ったので、そのままにうちすてておくつもりにしていた。ところが昨昭和二十三年十一月和辻博士著の『国民統合の象徴』と題する論文集が公にせられ、その一部を、私に発行書肆勁草書房より贈られた。この集に収められた論文はその数五つ、その中に、私の所論に関するものが二つもある。前に示した「国体変更論について佐々木博士の教を乞う」と、「佐々木博士の教示について」と、である。私の所説が今、和辻博士の『国民統合の象徴』を通じて、又新に、世人に博士の教を伝えるの媒介となることは、私の学徒としての幸福である。ただかかる事情の下では、私の所説も、博士による批判とともに、私の所説そのものとして世人殊に博士の『国民統合の象徴』の読者に知られることが学問的論究の正確な資料の供せられる方法である、と思った。それで、私も、博士の批判の対象となった私の第一の論文「国体は変更する」と、これについての和辻博士の問教に対する私の答である第二の論文「国体の問題の諸論点——和辻教授に答う——」とを、一とまとめにして、一書として公にする。又、和辻博士の「佐々木博士の教示について」を雑誌「表現」の誌上で読んだ時には、前にも述べた如く、読後感はあるが、学問的論議としては、別に新に言うべきものはない、と思った。けれども、今、和辻博士著作の一書の中にその論文を見て、矢張、私も、その読後感を公にしておく方がよい、と思い、「和辻博士再論読後の感」と題して、これを本書に加える。かくて本書は和辻教授と私との間に、かわされた応答を内容とするものである。翻って考えると、この問題は、天皇の本質が帝国憲法により統治権の総攬者であったのが、日本国憲法により国家的象徴に変更した、ということに関する問題である。だから、日本国憲法が天皇に認める国家的象徴という本質が何であるか、という点が明になりさえすれば、問題は解決せられる筈である。それで、私は前掲諸論文を集めるに当り、新に、「国家的象徴」、と題する一文をつくり、これを諸論文の前に置くこととした。又書名を『天皇の国家的象徴性』と題することとしたのである。

　本書は、右に述べたような事情で出来た諸論文を集めたものであるから、諸論中の所説において、その趣旨重複する点があるであろう。又、「国家的象徴」及び「和辻博士再論読後の感」の両篇は、いろいろの雑用の傍新に執筆したので、起稿より脱稿にいたる間がとぎれとぎれになり、各々一文として連絡を欠くことが少くないと思う。以上明なる如く本書は国体変更の認識を述べたのであるが、変更前の国体のことについては、別に「憲法改正断想」（甲文社、一九四七年六月刊）において鄙見を示してある。

国家的象徴

第一　象徴に変化した天皇

日本国憲法は帝国憲法を改正するものとして制定せられたのである。改正せられた事項は数多くあるが、その中最も著しいものは天皇の本質である。帝国憲法では、天皇の本質は、統治権の総攬者である、ということにあったが、日本国憲法では、天皇の本質は、国家的象徴である、ということになった。帝国憲法は、第一条に、「大日本帝国ハ萬世一系ノ天皇之ヲ統治ス」、と規定し、第四条に、「天皇ハ国ノ元首ニシテ統治権ヲ総攬シ此ノ憲法ノ条規ニ依リ之ヲ行フ」、と規定してあった。これにより、天皇の本質が、統治権を総攬する、ということにあることが明にせられていた。ところが、日本国憲法では、第一条に、「天皇は、日本国の象徴であり、日本国民統合の象徴であって、この地位は、主権の存する日本国民の総意に基く」と規定する。これは日本国憲法によりて定められた天皇の本質を示すものである。

天皇が日本国の象徴であり、日本国民統合の象徴である、ということが、いかなる意味であるかは、後に詳に説くが、いずれにしても、それが、天皇が統治権を総攬する、というのでない、という点は疑ない。天皇が統治するとする帝国憲法第一条、及び、天皇が統治権を総攬するとする帝国憲法第四条は、削除せられ、新に、日本国憲法第一条に、「天皇は、日本国の象徴であり、日本国民統合の象徴であって」と規定せられているからである。

天皇が日本国の象徴である、ことと、天皇が日本国民統合の象徴である、こととは、別々のことであるから、日本国憲法第一条が右の両者を併立して規定することは、十分に意味がある。世俗は勿論学者でも、この両者の差異を示さないものが少くなく、或憲法学者は、両者が同一のことであって、結局国家の象徴ということである、と特に説明しているほどである。これについては後に述べる。以下叙述の便宜上、右の両者のことを併せて、国家的象徴と称しておく。即ち、天皇は、帝国憲法によれば、統治権を総攬する者であったが、日本国憲法により、国家的象徴に変化したのである。

第二　国家的象徴とはいかなるものか

然らば、天皇が国家的象徴である、とはいかなることであるか。わが国の法文において、或ものの性質を示すのに象徴という言葉を用いるのは、この日本国憲法がはじめてである。天皇が国家的象徴である、ということの意味を明にするには、一般に象徴ということの意味を知らなくてはならぬ。

象徴の語は外国語の symbol にあたるものである。言葉としてはわが国においても前から用いられているのであるが、それは私の研究の事項に関係がなかったので、その意味について深く考えたことはなかった。ところで、今、それが憲法に用いられてあるので、私は、その意味を、独りきめでなく、正確に知ることを必要と思うに至った。去る昭和二十一年三月初旬、時の政府が、突如「憲法改正草案要綱」として、次で四月中旬、憲法改正草案として発表した条項の中に、天皇を象徴とすることが示されてあったので、はじめて、法を解釈する立場からも象徴の意味を正確に知ることの必要が感ぜられるようになった。後、私は、当時の貴族院の議員に勅任せられて東京に滞在したが、六月二十日当時の帝国議会に提出せられた前示憲法改正案の審議に与る者としても、責任上、象徴というの意味について考えて見た。帝国憲法を改正する日本国憲法の制定手続の了ろうとする時、及び、その制定手続が了って未だ施行を見るに至らぬ時、私は、東京で、雑誌「改造」及び雑誌「世界文化」より、日本国憲法に関して寄稿を懇望せられたので、これに応じて、忙裡に、「天皇位の急変」及び「国体は変更する」の二文を草して公にした(「改造」昭和二十一年十一月号、「世界文化」昭和二十一年十一月号参照。尚、「改造」所載の拙論は、「天皇人間論」と題し、「天皇位の急変」という副題を附せられている。「天皇人間論」という題名は私自身が附したのではなく、私自身は「天皇位の急変」と題したのであるが、その原稿をわたす時、私は、私の論文中、天皇を人間として取扱うべきであることを説いてあるので、天皇の人間性とでもすれば、世俗的にはおもしろいであろうが、私はそういう題はきらいだ、と述べた。ところが、発行せられた雑誌「改造」を見ると、「天皇人間論」と題してある。私は独りで微苦笑を禁じ得なかったけれども、別にとりたてていうほどのことでもないので、そのままにしておいたのである）。この「改造」所載の「天皇位の急変」中、私は、一般に象徴ということ、及び、天皇が象徴である、ということの意味について、次の説明をした。即ち、「或いは記号的の意味において使わるることがある。例えば、Xということの未知ということを示しているところの記号であるが、そういう風なものを、Xは未知ということの象徴だということがある。或は表現的意味において使わるることもある。例えば、十字章（「十」）はクリスティアニティー、キリスト教主義を表わすもので、十字章はクリスティアニティー象徴だということがあり、獅子は勇気ということの象徴だということがあり、犬は忠実性の象徴だということがある。これ等は単なる記号というのではなくて、甲という事物の有する具体的状態に徴して、其の事物を或性質の象徴であるということがある。又例えば、或る物に存する特徴的の或事実を示して此の事物の全面を聯想せしめるという意味に於て、其の事実が此の事物の象徴だということがある。芸術上の方面に於て象徴というのはこれである。かかる場合象徴というのは皆表現的の意味をもったものである。日本国憲法が天皇について象徴というのは、右のいずれの意味のものであろうか。天皇が日本国の象徴であるという場合と、天皇が日本国民統合の象徴であるという場合とは、同一とは思われぬ。日本国の象徴であるというような場合には記号的の意味のものに考えられる。天皇といえば日本国のことだ、という風に思われる、という意味の象徴である。日本国民統合の象徴である、というような場合には表現的の意味のものに考えられる。天皇に於て、日本国民が統合されている、という、姿、即ち日本国民の持つ一の性質が思われる、という意味の象徴である。国旗が国家の象徴である、という場合には、少し混淆し易い。一般に国家について国旗が国家の象徴であるという場合には、国旗を見れば国家を思う、というように記号的の意味であるが、併し、或特定の国家について、此の国旗に描かれたる模様を見て、此の国旗が此の国家の象徴であるということも出来る。例えば、日本の日の丸の国旗は日本国の象徴であり、アメリカの星条の国旗はアメリカ国の象徴である、というが如くである。かかる場合には、其の国旗は、其の国家の有する或状態即ち其の国家の持つ一つの性質が思われる、という意味に於て国家の象徴である。即ち表現的意味を持つものである。かくの如く、天皇が国又は国民統合の象徴であるという場合、其の意味ははっきりとした言葉でない。」と述べた。

私は、日本国憲法における象徴という概念を考えるまでは、特に象徴ということについて考えることはなかったので、有体にいうと、憲法の説明を為す場合にも、思索上の困難を感じた。それに、当時東京に居たので、調査上の不便もあった。しかし、当時自分ですることの出来た調査に基いて、前示の如き説明を為した。その当時、しらべたものを心覚に書きとめたきれぎれの文句として、

Symbol (artistic representation), its existence is entirely dependent upon the thing it

Symbolizes, While the thing symbolized has no dependence of any sort on the symbol.

——

The King of Great Britain may symbolize the unity of the British Empire, but he has a real function in British Government beside any such symbolism.

——

H is the symbol of the chemical element hydrogen.

——

Symbolism, designed to convey impressions by suggestion rather than by direct statement.

——

というようなのが、今私の雑記帳に見出される。何しろ、その頃旅の東京で、殆ど毎日議員として貴族院に往来する間々にアメリカン、ライブラリなどに行き、外国の法文中 symbol という言葉を用いたものがありはしないか、と、いろいろの書物をしらべているうち、そういう法文は見つからなかったが、一般に symbol ということを説明する文言が目にふれたのでかきとめておいたのである。それで、象徴ということ、天皇の象徴性ということを説明するについての、大体の見当がついたので、一応考をまとめた。それが、前に示した、雑誌「改造」における私の説明となったのである。

後昭和二十二年、私は東京を引きあげて京都に帰ったので、更に大学の図書館でしらべたが、次のような説明を見つけた。

——

Symbol, Zeichen, Sinnbild, Sinnvolles Bild.

——

Ein Symbol oder Zeichen, etwas sinnliches, wodurch etwas von demselben verschiedenes so angedeutet wird, dass der Gedanke auf dieses selbst dadurch geleited werden Kann.

——

Symbol ein Inhalt, welcher als Zeichen für einen anderen Inhalt dienst, so dass wir den letzeren den ersteren für irgend einen Zweck zu ersetzen imstande sind.

——

これらの文句も、私の手帖の雑記の中に雑然と書きならべたのみであるので、ここにその出所を正確に示すことは出来ない。

かくて、私は、一応象徴の言葉の示すものを知り得たように思った。勿論、それは、素朴な考としてのものであった。しかもその説明の文言としては、大に不満足なので、その後も、私は不断に考えていた。それで、「季刊法律学」第二年第二冊、昭和二十三年度刊（本書中後出）〔174頁〕においては、多少言葉を改めて、次の如く説明した。「さて然らば、甲なるものが乙なるものの象徴である、というのは如何なることであるか。私の理解によれば、象徴という言葉は、事物を素朴的に考える場合に用いられることもあり、事物を、学問的に、例えば哲学的に、考える場合に用いられることもある。併し、法文中にある言葉としては、素朴的な考を示すものであって、学問的な考を示すものとして用いられたのではない。われわれは、観念において、或無形の性質、状態などを思うことがある。これを乙とする。それを、われわれが或物象に接するとき、極めて判然と看取することがある。その物象を甲とする。この場合に、甲が乙の象徴であり、乙を象徴するという。又、乙が甲により象徴される、ともいう。象徴される乙は観念上の或意味であり、象徴する甲は物象上の或形である。例えば、Xが未知という観念の象徴であり、白色が純潔という観念の象徴であり、犬が忠実という観念の象徴であり、獅子が勇気という観念の象徴であり、十字架がキリスト教義の象徴である、というの類である」と述べた。これでも、私はその説明の方法の正確さ簡潔さについて尚不満足の点をおもい、改めたいと考えていた。最近、「われわれは、観念において、思惟している、或性質、状態などを、或物象に接することにより、判然と感得する場合があるが、その場合、その物象を、これに接することにより感得する性質、状態などの象徴という」という言葉で説明している（拙著『日本国憲法論』昭和二十四年二月発行一六四頁、『改訂日本国憲法論』昭和二十九年九月発行一五二・一五三頁参照）。象徴の概念を説明する私の言葉は、以上により知られる通り、場合により同一でないが、それは私が説明として用いる言葉について費した工夫の迹を示すのである。

右の象徴ということは、日本国憲法の用語としての象徴についても同じでなくてはならぬ。憲法第一条は、天皇が日本国の象徴であり、日本国民統合の象徴である、と規定するが、その象徴も前に述べた意味のものである。故に、天皇の一身の姿において、日本国に関する或性質、状態が感得せられるものと考えて、天皇がその象徴である、というのである。然らば、天皇の一身に感得せられる性質、状態というのは、如何なる性質、状態であるか。それは憲法自身が示している。日本の独自の生命体という性質であり、日本国民統合という性質である。即ち、われわれは、日本国が一の独自の生命を有する生活体である、という性質を観念しているが、この性質は、われわれが天皇の一身を看るとき、判然と感得せられる。この意味で、天皇は日本国の象徴である。又、われわれは、日本において、多くの人が、それぞれ一の生活体でありながら、日本国において統合せられて、一体の共同生活を為している、という性質を観念しているが、この性質は、われわれが天皇の一身を看るとき、判然と感得せられる。この意味で、天皇は日本国民統合の象徴である。故に、憲法にいう、天皇が日本国の象徴である、ということと、天皇が日本国民統合の象徴である、ということとは、二つの別のことである。尤も、この両者を以て結局同意義のものと説く人もある。美濃部博士は、「国民の統合したものは即ち国家に外ならないのであるから、国家の象徴と言っても、国民統合の象徴と言っても、結局は同意義に帰し、之を約言して天皇は日本の国家の象徴であると言っても不可ないであろう」と述べられる（美濃部博士『新憲法概論』五三頁）。又、この法文によって天皇の性格を説明するという立場で論じながら、日本国の象徴と日本統合の象徴とが、同じものか別のものか、という点については、何ら言及しないものもあるようだ。これは正確な所論とはいい得ない。右の二つのことが、別々のことであることは、私の考では明である

（拙稿「天皇位の急変」六頁、「国体の問題の諸論題」三二頁、『日本国憲法論』一六四頁以下、『改訂日本国憲法論』一五三頁以下参照。尤も、「天皇位の急変」において、私は、日本国の象徴というのは記号的の意味のものであり日本国民統合の象徴というのは表現的の意味のものであると述べたのは、今日おもえば、誤であった。両者共に表現的の意味のものである）。

第三　国家的象徴である天皇の役割

以上述べたところによれば、日本国の象徴、日本国民統合の象徴、即ち日本国の国家的象徴ということが、天皇の姿に接して国家に存する或性質を感得する、という心理関係である。天皇に対して人の有する象徴感覚という。この象徴感覚は、法の規定において示されると否とに関係なく、人がこれを有する。即ち国家的象徴ということそのことは法的の意味のあるものではない。然らば、憲法が、天皇は国家的象徴であると、いうのは如何なる意味をもつのであるか。

憲法が、天皇は国家的象徴である、と規定するのは、人が天皇に対して有する象徴感覚そのものを示すのではなく、これについての天皇の役割を定めるのである。憲法が、天皇は国家的象徴である、というのは、天皇の役割は、国家的象徴である、というの意である。天皇は国家的象徴として、人をして、日本国の独自の生活体なることを感得せしめ、又、日本国民の統合せられていることを、感得せしめる、ということを、その役割とするものである、というのである。故に、日本国憲法によれば、天皇の本質は、右の意味での、国家的象徴である、ということにある。帝国憲法においては、天皇の本質は統治権を総攬する、ということにあった。即ち、帝国憲法においては、天皇の本質は国家の統治を為すことにあったのだが、日本国憲法においては、統治を為すことに、天皇の本質を存せしめない。天皇の一般的、根本的の性格は、国家統治の関係の外にあることにある、とするのである。尤も、天皇が国事上の行為をなされることは、ある。併し、これは憲法の定めにより、憲法の定める国事上の行為に限るのであって、天皇の一般的、根本的の性格を示すものではない。これにより、日本国憲法における天皇と帝国憲法における天皇との政治的基本性格が、全く異なるものとなったのである（拙著『日本国憲法論』一六三頁以下、『改訂日本国憲法論』一五二頁以下参照）。

第四　外国公文における象徴の用語の例

外国において、象徴（symbol）という言葉を法関係の公文に用いている例があるか、どうか、ということは、勿論、当初から問題とせられるところであった。ただ私は、ないこともあるまいとは思うていたが、それを知っていなかった。併し、symbol ということの意味、及びそれがイギリス国王について用いられ、The King of Great Britain may symbolize the unity of the British Empire. という文句のあることは、前に述べた如く、旅の東京に居て調べたところである。国会でも、初めは、外国の用例については、何の説明もなく、その時はまだ、外国法関係の公文書における用例を知らなかった。ただ、前述の如く、象徴の概念より、憲法の解釈を述べたのであった。然るに、貴族院の帝国憲法改正案特別委員会で、去る昭和二十一年九月十日、議員牧野英一氏が、天皇について、元首という言葉を用いることを希望し、せめて、国民統合の象徴を、国民統合の「中心」という言葉にするがよい、という意見を述べたことに対して、翌十一日の会議席上、国務大臣幣原喜重郎氏が、フイト思い出した、外国の先例があるとて、次の説明をせられた。『千九百二十六年、「ロンドン」デ以テ、「イギリス」ノ首相及ビ各海外自治領ノ首相ガ会合致シマシテ、之ヲ帝国会議ト称シテ居リマスガ、其ノ会議ニ於キマシテ海外自治領、即チ「ドミニオンス、」ト云フモノノ性格ヲ決定シタノデアリマス、「ドミニオンス」ノ性格ト云フモノハ、直接ニハ此ノ問題ニハ関係アリマセヌカラ、詳シクハ申上ゲマセヌガ、要スルニ此ノ海外ノ自治領ト云フモノハ、皆各々独立国デアル、然ルニ王位ト云フモノガ「イギリス」ニアッテ、是等ノ国ハ繋ガッテ居ルト云フコトガ、マア書イテアルノデアリマス、此ノ詳シイコトハ今日ハ申上ゲマセヌガ、是ハ即チ「イギリス」ノ帝国会議ニ於ケル一ツノ決議デアリマスガ、之ヲ千九百三十一年ニ、「イギリス」デハ法律ヲ制定致シマシテ、「スタチュート・オブ・ウエストミンスター、」「ウエストミンスター」法ト云フモノニ依リマシテ、帝国会議デ定マッタ海外自治領ノ定義ヲ再確認ヲ致シマシテ、ソレカラ斯ウ云フコトガ規定シテアル、即チ「イギリス」ノ王位ハ、「イギリス」ノ諸国連合国「コモンウエルス・オブ・ネーションス」ト申シテ居リマスガ、諸国協同体ノ構成国ノ自由ナル結合ノ象徴デアル、「シンボル」デアル、斯ウ字ガ使ッテアリマス、』というのであった。この幣原国務大臣の説明は、議場において私には正確に聞きとれなかったが、私は後日議事録でこれを知ることが出来た（第九十回帝国議会貴族院、帝国憲法改正案特別委員会議事速記録第十号一頁以下）。そして、この幣原国務大臣の演述により、非常に有益な示唆を得た。それで、昭和二十一年日本国憲法公布の後、同年末一応京都に帰った際、幣原大臣の演説中にある文言をしらべて見た。The Statute of Westminster, 1931を、千九百三十七年 Oxford University Press の Dawson, The Developement of Dominion Status 1900—1936 の中に見た。冒頭、一九二六及び一九三〇年の帝国会議により通過せしめられた特定の決議の効力を確認する法（An Act to give effect to certain resolutions passed by Imperial Conferences held in the years 1926 and 1930.）と記してあるこの「ウエストミンスター法」は、イギリスにおける自治領（Dominion）の地位、イギリス王国（United Kingdom）の議会により制定せられる法律と自治領の議会により制定せられる法律との関係を規定するものであって、この「ウエストミンスター法」の施行以後においては、イギリス王国の議会の制定する法は、その法において、或自治領がその法の制定を要求し、承認したことが明示せられない限り、その自治領の法律の部分としてその自治領に施行せられないということを定めるのである。この「ウエストミンスター法」の前文中、「王位（Crown）は、ブリテン諸連合国の成員の自由なる結合の象徴（symbol of the free association of the members of the British Commonwealth of Nations）であり、又、彼等成員は、王位に対する共通の忠誠によりて統合せられている（are united by a common allegiance to the Crown）」ということを示し、それだから「王位の継承又は王の公称（the Royal Style and

Titles）に関する法に何らかの変更を施すことは、今後は、総ての自治領の議会並連合王国の議会の承認を要すべきものとすることが、イギリス連合国の総ての成員の相互関係における、確立せる憲法上の地位に合致する」という意味を明にしている。即ち、国王がイギリス連合国の成員が自由に統合していることの象徴であるという言葉を用いるのは、この象徴という言葉を用いるのは、法の条項自身ではないが、法の前文である。この、イギリスの王について、イギリス連合国の成員の結合の象徴である、とする文句は、わが日本国憲法が、天皇が国家の象徴であり、日本国民統合の象徴である、とする文句に関して、用例を示すものとして、注意すべきである。私は、この「ウエストミンスター法」の文句そのものを見た時、非常にうれしかった。併し、これは、全く前述幣原大臣の演述により示唆を得たものであって、若し幣原国務大臣の演述を聞かなかったならば、到底これを発見しなかったであろう。幣原国務大臣の説明は、忌憚なくいうと、精密に、同法の規定の意味を伝えていたとはいい得ないようであるが、併し、その用例を示したものとして、大に幣原氏に感謝すべきものと思う。故に、私は、今、幣原氏の演述のことを明言して置くのである。私は、右の「ウエストミンスター法」の調査の結果、和辻教授への答の論文「国体の問題の諸論点」（本書後出）〔173～174頁〕の中にもこれを引用している（この論文は、昭和二十二年七月乃至八月につくったのだが、後に明となる事情により、同二十三年度刊「季刊法律学」においてこれを発表した）。帝国憲法改正案が帝国議会に提出せられた時、法文にかかる象徴という言葉を用いるの用例については、一般に知られていなかったとおもうが政府の説明でも、はじめは外国の用例を示したものはなかった。ところが幣原大臣が、前述の如く、突如その用例を示されたのである。私は同氏の調査の労に対して敬意を表する。

学者側の研究について見ても稍後に至り前示「ウエストミンスター法」のことに言及するものは出て来たが、それがはじめより、幣原大臣の説明と関係なしに、独自に、これを調査したものであったかどうか、私は知らない。日本国憲法は昭和二十一年十一月三日公布せられたのだが、イチ早くその解説を発表せられたのは美濃部達吉博士であった。博士は、憲法公布の月の十一月の「法律時報」で、「新憲法逐条解説」を公にせられたが、その第一条の解説で、憲法が天皇の象徴ということについて説明せられているけれども、外国の用例については一言もせられていない。又、博士の二十二年四月発行の『新憲法概論』（五三頁以下）においても同じである。然るに、昭和二十二年七月発行の「新憲法逐条解説」（一九頁）では、前示「法律時報」所載のものに修正を加え、千九百三十一年の「ウエストミンスター法」のことに言及してある。又、昭和二十三年四月同博士著『日本国憲法原論』二二〇頁も同じである。昭和二十二年九月の浅井清博士著『日本憲法講話』五二頁にも同法のことがある。而も、これらの説明は、ただ、同法の前文に、イギリス国王がイギリス諸聯合国のシムボルである、という言葉を用いることを示すに過ぎず、同法がいかなるものであるかについては、何の説明もない。これら諸家の所説が、その以前既に昭和二十一年九月初旬貴族院で為された幣原氏の説明と連絡を持ものであるかどうか、私は知らないが、いずれにしても、憲法制定の当時には、まだわが国一般に知れていなかったと思われる、外国法文関係の象徴の語の用例について、幣原氏が——恐らくは最初と思うが——調査紹介をせられたこと、及び、私がこれに示唆を得て、稍正確にこのことを研究し得たことについて、幣原氏に感謝せなくてはならぬ。又これを無視してはならぬ。故に、以上、明に幣原氏の名を示して、その所説を引用したのである。

国体は変更する

第一　国体は変更する

日本国憲法が新たに成立する暁には、我が国体は変更するのである。日本国憲法を成立せしむる為に提案された帝国憲法改正案の帝国議会での審議に際し、無数の問題の論議せられたことは、世人の知る如くであるが、その中最も重大な根本的のものは国体の問題であった。論議の出発点は、日本国憲法によれば国体は変更するのではないか、ということであった。この問題の起るは固より当然のことである。この問題について議論、頗る曖昧な状態で発足し、中程になってやや明瞭になったけれども、然しながら尚はっきりとしないままに残されている点もある。それ故に、日本国憲法と国体との関係を明らかにしておくことは、日本国憲法を理解し又之を運用する上に於て、必要のことである。

日本国憲法によれば我が国体は変更する。かくいうのは、国体の変更という国制上の事実を客観的に考察するのであって、国体の変更について、批判的に論評するのではない。日本国憲法が国体の変更を為すことが是か非か、これは勿論問題にされなくてはならぬが、その前に、それとは別に、国体が変更するのかどうか、ということを明にしなければならない。

ところが、又その前に、国体が変更するとはどんなことか、ということが、明にされなくてはならぬ。それには、更に又、いったい国体というものは如何なるものであるか、ということからはっきりしてかからなくてはならぬ。即ち、国体とは何か、国体が変更するとは何か、このことから考察は出発する。これは判り切ったことのようであるけれども実はそうでない。それが不明になっているために、いろいろ、不必要なる議論を生じているのである。

第二　国体なる言葉の意義とその概念

一　国体の語義と国体の概念

国体なる言葉の言葉としての意義即ち語義と、その言葉の指示さんとしているものと、この二者を混同してはならぬ。後者は国体の概念である。かかる言葉と言葉の指示す概念との差異は何も国体ということについてのみいうべきことではないが、併し屢々《しばしば》両者の混同があり、国体ということについて両者の混同が著しく感ぜられる。勿論、或概念を示すのに或言葉を用いるのは、その言葉がその概念を示すために適当であるからであるが、然しながら、言葉の語義そのものがそれ自身にその言葉の指示す概念ではないのである。国体という言葉は国家の形というほどの意義である。然しながら、我が国の通用語として国体というときは、ただ漠然と国家の形をいうのではなく、一定の概念を指示すのである。その概念は一般社会に於て考えられている或ものであって、学者その他一部特別の者に依て考えられているものではない。学者などは、ただ、右の一般社会に於て考えられているものが何であるか、ということを明にするのである。

二　国体の概念

国体という言葉の指示す概念に二種ある。一つには、国家について、その政治の様式という面から見て、如何なる国柄のものであるか、ということを考えることが出来る。この場合に其の国柄が国体と呼ばれる。二つには、国家について国家に於ける共同生活に浸透している精神的倫理的の観念という面から見て、如何なる国柄のものであるか、ということを考えることが出来る。この場合は其の国柄が国体と呼ばれる。今、便宜上、前者を政治の様式より見た国体の概念といい、後者を精神的観念より見た国体の概念という。我国体というものについていろいろ論ぜられる場合には、右の政治の様式より見た国体と、精神的観念より見た国体とを混同して為されていることが頗る多い。それでは問題の正しい解決が出来る筈はないのである。元来国体という言葉を以て何を指示すかは、前にも一言した通り、学者その他の者が自分の説明をなす便宜という点から、任意に定むべきものではない、社会一般に通用しているものに従うべきものである。ただ、社会一般に通用しているものが何であるか、ということとそのことを明にすることが、中々容易でない。そこで、それをはっきりと明にする為に学問的考察が為されるのである。

さて、今、憲法を問題として、憲法によって国体が変更せられるか、ということを検討する場合に於ては、その国体というのが前述の政治の様式から見た国体のことであって、其の意味において国体の変更ということを問題とするのであること疑ない。何故かというに、憲法というものは元来政治の様式を定めるものであるから、その憲法によって国体がどう定まるか、ということを問題とする時には、それは政治の様式という面から見た国柄のことを問題とするのであること、いうまでもないのである。

ところで、国家の政治の様式から見るというても、その様式を見ることそのことが、いろいろの面から為され得る。そこで、その如何なる面に着眼するか、ということが次の問題なのである。それは、いうまでもなく、政治の様式の基本的のものを示す面でなくてはならぬ。それは、国家の統治権の総攬者が如何にして定まるか、ということである。統治権というのは国家なる団体の意思であるが、其の意思が現実に発動するのは、自然の人の行動による。特定の人が国家の意思の発動を全般的につかんでいるという地位にあることを指して、其の人が国家の統治権を総攬しているという。かかる統治権総攬者は何れの国家に於ても存する。併し、統治権の総攬者が如何にして定まるか、ということは、特定の国々について見なくてはならぬ。従て、国体は国に依て異なることもある。

三　国体の概念に該当する事実

何人が国家統治権の総攬者であるか、という面より見た国柄ということが、国体の概念であること、右に述べた如くである。如何なる者がその国家統治権の総攬者であるか、ということは、国体の概念に該当する事実である。故に、国体の概念そのものは一定したものであるが、国体の概念に該当する事実は必ずしも一定したものではない。

第三　国体が変更するとは何か

国体が日本国憲法により変更されるのかどうか、という場合に、決定すべきことは、国体の概念そのものの変更と、国体の概念に該当する事実の変更との区別である。

従来、国体の概念に該当する事実としては、万世一系の天皇が、万世一系であるということを根柢として統治権の総攬者である、ということがあった。其の事実が日本国憲法においては変更する。即ち、天皇が統治権を総攬せられる、ということが全くなくなるのである。

日本国憲法第一条は「天皇は、日本国の象徴であり、日本国民統合の象徴であって、この地位は、主権の存する日本国民の総意に基く」と規定する。天皇が国の象徴であるということが法的意味を持つものでない、というようなことは今措いて問わず、主権の存する日本国民ということは、明に、統治権の総攬者が天皇でない、ということを示すものである。主権という言葉は多義であるが、統治権又は統治権総攬の権の義とする場合には、日本国民なるものが統治権又は統治権総攬の権を有するのであって、天皇が有せられるのではない。尤も日本国民という中に天皇もはいる、という無理なる用語に従うとするも、少くとも、天皇が統治権の総攬者である、ということはなくなる。

右は日本国憲法の規定中、天皇に関するもの以外の側より見た天皇の地位の説明であるが、天皇に関するものの側より見て説明すれば、次の如くである。同憲法第四条第一項は「天皇は、この憲法の定める国事に関する行為のみを行い、国政に関する権能を有しない」と規定し、更に、同第七条には「天皇は、内閣の助言と承認により、国民のために、左の国事に関する行為を行う」と規定して、一号乃至十号の事項を列記している。その外の条項にも天皇の行為により行い得る事項を示したものがある。要するに、天皇は憲法において特に示されている少数の事項に関してのみ行為を行う権能を有していられるに過ぎぬ。

かくの如く、日本国憲法によれば、天皇が統治権総攬者である、という事実は全くなくなる。之を称して、国体が変更する、というのである。それは、国体の概念が変更するのではない。国体の概念に該当する事実が変更するのである。

日本国憲法により国体が変更するのかどうか、ということが、議論された際、かなり説明の混雑があったが、それは以上述べた如き理論的構想の無視に因ること、頗る大なるものがあった。貴族院の特別委員会において、私どもの質問に対して、政府を代表して金森国務相の為された答弁にも初めは矢張り曖昧の点があったが、後には、結局、前述の意味に於ける国体の変更がある、とはっきりと述べられるに至った。国体が変更するにも拘らず、変更しない、というような説明を為すの必要が何処にあるのか、私どもにはわからぬ。併し、それよりも、国体の変更を為すことそのことの必要があるのか、これが重大な問題である。之については、国内政治及びポツダム宣言の両面より、考察しなくてはならぬ。

第四　国体の変革と国内政治の改革

今回の憲法の改正に際し、国体の変更ということが必要なものであったのか。これがそもそも問題なのだが、之については、憲法の改正そのものの必要は何であったか、という先決の問題がある。

近年我が国は軍国主義的、極国家主義的の行動をとって来た。今後これを改め、平和主義的、道義的の行動をとらなくてはならない。そして人類の幸福の増進ということを使命として、其の達成の為に努力しなくてはならない。それには、政治において、デモクラチック体制を復活強化し、又、国民の自由を実際に尊重し、軍国主義的、極国家主義的の思想を持つ者が政治力を担任するという事実の再現を不能ならしむることが要求される。かくの如き今後の我々の活動上の要求は従来のままの憲法の下では、十分に満されない。それ故に右の如き要求を満さしめることの出来る憲法をつくらなければならぬ。これが憲法の改正を必要とする所以であった。

かかる意味から憲法を改正する、というのであるならば、天皇に協力する諸機関の制度を、其の構成なり協力方法なりに於て、徹底的に改革することが必要である。又それでよいのである。それより進んで、天皇の統治権の総攬者たる地位を廃止する必要はないのである。近年我が国の誤れる行動の行われたのは、天皇への協力機関たる、軍部は勿論、政府や立法府等の皆が、十分に其の職分をつくさず、天皇への協力を誤ったことの結果である。それ故に、かくの如き事実の再現を防ぐ為には、天皇の統治権総攬者であることを廃止するの必要があるのではない。協力機関を徹底的に改革すればよいのである。

然しながら、とにかく、天皇の統治権総攬者たることは廃止され、即ち国体は変更されるのである。

第五　国体の変更とポツダム宣言

ポツダム宣言の事項を忠実に実施しなくてはならぬこと、勿論である。併し、それは、天皇の統治権総攬者たるの地位を廃止する必要を伴うものではない。然るに、此の点について、世間一般に重大なる誤解がある。それが、単に理論考察に影響しているのみでなく、実際行動にも影響していることは、特に注意を要することである。

ポツダム宣言は、第十項において、「日本国政府は、日本国人の間に於けるデモクラチック傾向の復活強化に対する一切の障害を除去すべきものである」と声明する。又第十二項において、「これらの目的が達成せられ、且つ、日本に、自由に表明された日本国人の意思に合致して、平和的傾向の又責任ある政府が樹立せられる時は、直ちに、聯合国の占領軍は日本国より撤収せらるべきである」と声明する。これにより、我々は、先ず、我国今後の社会生活一般においてデモクラチックを復活強化しなければならない義務を持っている。ここにデモクラチックというのは、社会生活一般における生活態度であって、独り政治生活のみにおける生活態度ではない。併し、其の社会生活一般に関する原理が政治生活にも適用されるのである。ところで、ポツダム宣言によれば、日本国人が自由に表明した意思に合致して、平和的傾向の又責任ある政府が樹立せらるべきである。即ち、日本国の政府が如何なる形体を有するものとせられるかは、日本国人自身の意思に合致して定めらるべきものである。ポツダム宣言は、此の点について、特に日本国人自身の自主的態度を要求しているのである。ところが、これが世間一般には反対に解されているらしい。多分、ポツダム宣言が、前述の如く、自由に表明された日本国人の意思というのは、日本国人の原語 Japanese people の意義の誤解によるのであろう。ここにジャパニーズ・ピープルとは日本国を構成する人、即ち私の前から日本国人というているものを指すのである。決して、君民と別々に考えて君主に対する国民というような意味のものを指すのではない。このことは、ポツダム宣言自体のみを見ても明らかに知られるのであるが、更に、昨年八月、我国のポツダム宣言受諾前、アメリカ合衆国政府が連合国政府を代表して我国政府の照会に答えた文書によって、一層明に知られる。その時、アメリカ合衆国政府は、日本国の政府の窮極の形体は、ポツダム宣言に合致して、自由に表明された日本人の意思により樹立さるべきである、という答えをなしているのである。元来この答えは如何なる場合に我国に向て為されたのであるか、ということを注意しなければならない。これは、昨年夏、我国がポツダム宣言を受諾して降伏すべきや否やが我国において問題となった時、我が国政府より、ポツダム宣言は、主権者としてこの天皇の権能を害するような何等の要求をも含むものでない、という諒解の下に、これを受諾する、との趣旨を云うてやり、之に、日本国政府は右の諒解が保障されることを切望する、と附言した。之に対してアメリカ政府の回答があり、其の中に、日本国政府の照会に関しては、吾等の立場は次の如くである、と書き出して、数項を示し、後、前述の「日本国の政府の窮極の形体は、ポツダム宣言に合致して、自由に表明されたジャパニーズ・ピープルの意思により樹立さるべきである」という文言を述べてある。この返答は、結局、日本国政府の窮極的な形体——これは国体のことにあたるのである——をどう決めるかということは日本国人自身が定むべきことであって、こちらの側からは何等言うべきものでない、ということに帰着する。ジャパニーズ・ピープルの自由に表明したる意思、という言葉は、決して、日本国の君主に対するものとしての国民の意思というようなことを云うたのではない。然るに、今日まで、右のポツダム宣言の真義を誤解する者が朝野にみちていた。学者の中でも、或は、之に依り、我国が既に君主国から民主国に転じたものである、とし、或はそう転ずべきものとなったのである、とする人があった。甚しい誤である。

私は、右のことを非常に重大視するものであるから、議会に於て政府に質問し、質問の趣旨を明にするの必要上、前述の私の理解する所を明に述べた。政府も遂に私の理解する所に同意し、ジャパニーズ・ピープルというのは、決して、君主に対するものとしての国民のことでなく、つまり日本国を構成している人のことである、という私の所説に全然同意した。ポツダム宣言に依り、既に我国の国体が変更されたとか、変更されることになったとか、いうような、全く根拠のない誤解が今後世間に残らぬようにせなければならぬ。

要するに、ポツダム宣言の受諾から、国体変更の必要を生じた、というようなことは、全くないのである。

第六　国体の変更と精神的観念より見た国体

必要の有無はともかく、国体の変更はある。ところが、別に、精神的、倫理的の面より見た国柄、即ち精神観念より見た国体と称する国体のあることは、前に述べた。この国体はどうなるか。

政治の様式より見た国体が変更する、ということは、精神的観念より見た国体が変更する、ということではない。だから、政治の様式より見た国体は変更するが、精神的観念より見た国体は変更しない、という金森国務相などの所説を聴て世人は一応わかるように思うであろう。が、それが、果して、わかるべきことであろうか。

政治の様式より見た国体が変更する、ということは、精神的観念より見た国体が変更する、ということではない。それは併し、両者が概念的に異なる、ということに過ぎない。両概念に該当する事実を見るとき、事実としての両者の存在の間に影響を見ない、ということではない。だから、政治の様式より見た国体が変更しても、精神的観念より見た国体は変更しない、というようなことは、国体たる事実については、決していい得るものではない。我国では、精神的の面から見た国柄と、政治の様式から見た国柄とは、決して無関係ではあり得ない。大なる影響を受け合うものである。影響を受けるというよりも、精神的の面より見た国柄たる事実の中に、政治の様式の面から見た国柄たる事実をも含んでいる。故に政治の様式より見た国体が変更する、ということは、概念的には、精神的観念より見た国体が変更する、ということではないけれども、社会生活の事実として見るときは、政治の様式より見た国体が変更すれば、精神的観念より見た国体も変更するであろう。直にでなくとも、漸次変更するであろう。少くともかく考えて国家及び社会の将来の経綸をたてるべきである。

国体の問題の諸論点——和辻教授に答う——

本論文発表のいきさつ

昨年二月上旬、岩波書店の甲氏来訪、東京帝国大学の和辻哲郎教授の論文原稿の写しを示し、これは和辻教授が、私の「世界文化」十一・十二月号所載の論文「国体は変更する」に対して、意見を述べられたものだが、これについて私も「世界」へ寄稿してもらえぬか、と求められた。題を見ると「国体変更論について佐々木博士の教を乞う」とある。和辻教授の如き学者より質問を受けた以上答弁の礼をつくすべきものであること勿論だから、私は、その内容を見るに及ばず、書くと答えて置いた。尤も、私は貴族院の用務で東上の日が迫っていたので、到底すぐ書くというわけにはゆかず、五月頃には書けるだろう、と述べ、更に、そのことを和辻教授にも伝えておいてもらいたく、又、雑誌でも一言読者に知らせておいてもらいたい、とたのんだ。甲氏は引き受けて辞去した。私は昨年二月十一日東上した。後になって思ったことだが、甲氏は和辻教授の論文と一しょに私のをも載せたいつもりであったのではあるまいか。東上後私は当時存在していた貴族院の一議員としての用事で多忙を極めたので、五月という約束は到底果せまいと思い、その旨を書面で特に甲氏に通知しておいた。昨年四月に入って東京を引き上げて京都に帰ったのであるが、帰って見ると、留守中の用事や新な用事で忙殺され、引き受けてある和辻教授へのお答を書く暇がなかったのである。私は京都に帰って、和辻教授論文所載の「世界」を見たけれども、こんどは大学の講義などの用事の為に執筆意の如くならず、漸く七月十九日起稿八月十九日脱稿した。百三十枚余の長文となったので、「世界」誌の都合を問い合せて見た。九月中旬に至って、「世界」編集部の乙氏から返事が来た。これによると、あまりに長文なので、取扱にこまって、同誌編集会議を数次にわたって開いて相談した末、五十枚位にちぢめてもらうか、又は、用紙事情の好転を持つの外ない、ということになった、それで、どうかちぢめてもらえぬか、ということであった。雑誌編集上無理もないと思った。而も論文としてはちぢめるわけにもゆかぬのでそのままにうちすてていた。ただ私が和辻教授に対する答を出さぬ次第を、時折学生などに話した。その後「季刊法律学」の丙氏から同誌に載せたいと申されたが、「世界」に対して気の毒なような感じがしたので、それもしないでそのままにしていた。ところが、今日丙氏と雑談の折、また拙稿の話が出たので「季刊法律学」で発表してもらうことにしたのである。かかる次第で、和辻教授への私の答の発表がおくれたので、それは決して「世界」編集者の怠慢というようなことによるのではない。和辻教授及び「世界」読者諸君に、特に之れを告げる。（昭和二十三年二月十八日夜）

前書き　私の答の態度

「世界文化」誌上の私の論文は、世間に向っての時事学評であって、学界に向っての研究論文ではないが、国体変更という事項を全体として考え、初より終まで順次考察を展開する気持で論じたのであるから、その中の個々の事項を各別に抽出して考察すると、誤解を生ずる虞がある。故に、今和辻教授が指摘された私の所説の個々の事項についても、読者諸君は、それが私の前示論文中の如何なる場面において取り扱われたものであるか、を正確に理解していなければ、質疑応答の真味をつかむこと困難である（読者という質問者応答者以外の第三者のあることを考えることは、かかる場合に必要である。世間の雑誌で質問応答するのは、質問者応答者の間においてのみ問題を明にするに止まらず、読者の前で読者の判断をも請うものとしてするのであるからである）。それ故に和辻教授の論文を読んだ人が、私の前示論文をも読み、次でこの答を読み、その上で更に教授の論文を読むことが、私の最も望む所である。が、それは今多くの読者の到底出来ないことであるから、私は、茲に、私の前示論文の所論の全面的構造を明にしておく。

第一　国体は変更する（国体の変更という国制上の事実を客観的に考案していうのである、ということを説く）。

第二　国体なる言葉の意義とその概念

一　国体の語義と国体の概念（両者の区別を説く）。
二　国体の概念（国体という言葉の示す概念に二種あることを説く）。
三　国体の概念に該当する事実（国体の概念は一定しているが、その概念に相当する事実は一定していない、ことを説く）。
第三　国体が変更するとは何か（国体の概念に該当する事実が変更するのであることを説く）。
第四　国体の変革と国内政治の改革（今回問題となった憲法の改正を為すには、天皇の統治権の総攬者たる地位を廃止する必要のないことを説く）。
第五　国体の変更とポツダム宣言（ポツダム宣言の忠実な実施そのことが、天皇の統治権総攬者たるの地位を廃止するの必要を伴うものでないことを説く）。
第六　国体の変更と精神的観念より見た国体（政治の様式より見た国体の変更と精神的観念より見た国体との関係を説く）。

これが「国体は変更する」と題する私の論文の体系である。この体系そのものから知られる如く、私の立論は順次展開するのであって、これを全面的に見て、国体は変更する、という意見が明になるのである。尤も和辻教授の質問は、私の立論についてではなく、私の用いたいくつかの概念についてであって、その概念を私が自明のことのように用いている、とせられ、その点を質問せらるるのである、と教授自身述べられているのである、から（和辻教授論文四六頁）〔50頁〕、前示の如き拙論の全面的構造を示すことは必要でないかの如く思われるけれども、決してそうでない。私の用いた個々の概念は皆それぞれ必要なる限度において明に説いておるのであり、且つ、そのことは私の立論の全般を見て最もよく知られる。故に、和辻教授の問難せられる概念論そのものに対して答えるに当っても、私の立論の全面的構造を示しておくことが必要なのである。尤も、一の学問上の著作において、或概念なり或命題なりを示す場合には、これをその著作中において説明するというても、それには限度があるのであって、著作者の前提とするところのあることは勿論である。その前提そのものは必ずしもその著作中には論及しなくてもよい。これについては、その著作の全般より、又は著作者の別の著作に就いて、知られるのである。故に、甲学者の特定の問題に関する学問上の著作を論評する場合には、その者がその問題に関連する事項について、他の著作においても述べている所説をも参照することが望ましい。学問の態度としては、望ましいというよりも必要である。著作者自身は重複をさけるためこれをくり返さないのである。かかることは和辻教授は勿論御存知の筈である。私の前示論文に説いている事項は、私の別の著作において述べていることと関連するところが多い。例えば国体の概念や主権の概念や、国民の概念の如きについてはそうである（幾多の著作があるが、特に『我が国憲法の独自性』『日本憲法要論』の如きがある）。和辻教授が前示論文を発表されるに際して、私の他の著作をも参照して下さったかどうか、わからぬが、御参照下さったならば、教授の疑問はなくなったか又は他の形に変ったであろう。

以上、私は、和辻教授その人に答えるに当って、教授の問難せられる拙論の全面的構造を示すの必要であることを述べたが、他の一般世間の人に向ってはその必要一層大である。世人は、私の前示論文の全面的構造を知ることにより和辻教授によって指摘された問難点をも理解出来るであろう。かかる理由があるので右の如く拙論の全面的構造を示したのである。

私の考を卒直にいえば、和辻教授の質疑に対しては、私の前示論文自身が答えている。私の論文を正確に私自身の意味において理解している人は、あの論文自身の中に私の答とすべきものを見出すであろう。

和辻教授の問難点を個々別々に取り上げてお答するのでは、一般読者に取っては、どうもわかりにくく、同じようなことをくり返す結果になりはしないか、とおそれる。それで、私は、今しばらく、和辻教授の問難点そのものを個々別々に取り上げることをなさないで、国体の問題の起る理由に遡って考える。そしてその中において教授の問難に答える。それには、そもそも国体の問題について、如何なる点に着眼すべきであるか、ということを明にするのが、最も必要である。それは即ち国体の問題の論点である。思うに、この問題に限らず、一般に、甲乙等別々の立場より見られ得る一事項について、甲の立場に立って、乙の立場より見るべき個々の点を論じても無益である。和辻教授は、私の見る立場とは異なる立場から、私の立場で論ずる個々の点を論じていられる、と私には思われることが多い。このことを知るには、この問題を論ずる場合の論点を明にすることより出発すべきである。故に、私は、今、「国体の問題の諸論点」ということを題目として、その中で和辻教授にお答するのである。

第一　国体の概念の定立における着眼の二面

日本国憲法によりわが日本国の国体が変更した、のであるが、これを理解する為には、(一)憲法論において国体という場合には、憲法論以外の論において国体という場合と、国体の概念に差異があること、(二)憲法論における国体に限るとして、一般に国家の国体の概念と、日本国の国体事実との区別があるということを知らなくてはならぬ。

一　政治的の面と精神的の面

国体という言葉はわが国の言葉であり、且一般に用いられている言葉である。その言葉の指示するものには、政治の或面より見た国家の国柄のことと、精神的の或面より見た国家の国柄のことと、二種ある。この二種の別が往々無視され、その為に、一般に政治法制の問題としての国体の論、従ってわが国の政治法制の問題としての国体の論を混雑に導くことがあるので、私は前示拙論において、先ずこの種別について一言したのである(前示拙稿中第二、二参照)。尤もこの種別を説くことは私が始めてするのではなく、わが国において苟も国体のことを正確に考えようとする者の一様に云うことに外ならぬ。

和辻教授は、教授の論文冒頭、私が右の種別を為すことを明に示されている。これは私にとって喜ばしいことであるけれども、ただ読む者をして、私のみが特にこの区別を為す者であるかの如く誤解せしめる書きぶりであることを遺憾とする（和辻教授論文四四頁、四五頁）〔48頁〕。私が、国体という言葉の示すものに右の二種を分つことは、一般社会がわが国の言葉としての国体という言葉をもって示そうと考えているものとしていうのである。これも私が明に述べておいてあり、和辻教授も認められている。（前示拙論中第二、一、和辻教授論文四六頁。尚拙著『我が国憲法の独自性』一六七頁—乃至一七二頁参照）〔50～51頁〕。又一般社会のみでなく学者にも同じ考の人もある。ここに一般社会が考えているというのは、その国体という事が取り扱われている時即ち今日の一般社会が考えているということであること、いうまでもない。

二　憲法論における政治面の着眼

ところで、日本国憲法によりわが国の国体が変更するかどうか、という憲法論において、その国体というのは、前示国体の二概念中、政治の様式より見た国体のこととして、これを取り扱うことは勿論である。憲法は政治の様式を定めているのであるからである。これは和辻教授も示して下さっている通り、私の特に述べておいたことである（和辻教授論文四五頁、前示拙論中第二、二参照）〔48～49頁〕。だから、精神の面に着眼した国体の概念は、私の前示論文では始めからこれを論外においている。

第二　政治の様式より見た国体の概念

一　政治の様式に着眼して見る国家の形体の一つとしての国体

憲法論における国体は政治の様式に着眼して見た国家の形体であること、前述の如くであるけれども、国体が右の形体の唯一のものであるのではない。私は明に、「その（政治の）様式を見ることそのことがいろいろの面から為され得る」と述べている（前示拙論中第二、二参照）。ところで、政治の面から見るとすれば、先ず、国家という政治生活体として最も基本的と考えられるものに着眼しなくてはならぬ。それは、何人が、国家の包括的の意思力たる統治権（日本国憲法の用語では国権である）を総攬する者（日本国憲法の用語では、主権を有する者）即ち統治権の総攬者（日本国憲法の用語によれば主権者）として定められているか、ということでなくてはならぬ。何故かというに、或国体が国家という政治団体として存立するが為には、その体制において、何人が主権の存する者（以下略して主権者という。帝国憲法の用語としては統治権の総攬者）であるか、ということが、定められていなくてはならぬ。これが定められなくては、国家として存立し得ないのである。故に、何人が主権者（帝国憲法では統治権総攬者）として定められているか、ということが、政治の様式の基本的のものである。前示拙論においても私は右の政治の様式の基本的のものということを述べたが、何故に基本的のものであるかは、特に説くまでもないと思い述べなかった。今、和辻教授の所論を見てその必要を感じたので、ここに述べたのである（前示拙論第二、二、和辻教授論文四六頁以下参照）〔50頁以下〕。

かくの如く、国家の政治の様式というても、特にその基本的のものがあるのであるから、国家をその政治の様式より見る場合に、右の基本的のものに着眼することは、国家を認識する方法として理論的の要求である。故にかかる着眼による国家の形体、即ち何人が統治権の総攬者として定められているか、という点より見た、国家の形体という一の概念が理論上生ずる。それをわが国の言葉として国体と呼ぶのである。国体という言葉の語義だけ見たのではその概念はわからぬ。その言葉の下に一般社会の理解しているものがその概念である（前示拙論第二、一参照）。ただ次のことを忘れてはならぬ。ここに国体を政治の様式の基本的のものというのは、前述の如く、国家の形体を認識する方法として基本的のものということであるから、それは、国家における共同生活に関係する事項の中最も重んずべきものということではない。そうであるかどうかは別の問題である。従っていわゆる国体観念、国体思想、特にわが国についていえば尊皇思想というようなことと同一でない。和辻教授がこれを混同しておられるとは思わぬけれども、その叙述が世間をしてそう誤解せしむる虞がないといえぬので一言する。尤もこのことを後に至って更に明となるであろう（本論後出第五参照）。

二　政治の他の様式より見た政体

国家を政治の様式より見るのは、独り、前述の、何人が統治権総攬者（日本国憲法の用語では主権者）として定められているかということのみに限る、ということではない。

憲法は、何人が統治権の総攬者（日本国憲法では主権者）であるかを定める上、さて、その統治権総攬者が如何なる方法で統治権を行うかをも定める。統治権を総攬する（主権者である）ということと、統治権を行うということとは、二つの別々の事である。これを見おとしてはならぬ。和辻教授はこの点をお考になっていないようだ。これも後に言及するであろう（本論後出第四、二参照）。統治権を総攬するというのは、国家の統治権を全体として掌握し、その全体の源泉である、ということであって、個々の場合に統治権を行う、ということではない。統治権を総攬する者は、個々の場合にこれを行い得ること勿論である。ただこれを他の者に委任する場合は別である。然しながら、統治権を総攬する、ということ、そのことと、個々の場合に統治権を行うということとそのこととは、別々の事である。それ故に、何人が統治権総攬者として定められるか、ということと別に、その統治権総攬者が、如何なる方法で統治権を行う、と定められるか、ということを見ることが必要となる。両者共に政治の様式より国家を見るのであるが、政治の様式に着眼するというわくの中において、更にその着眼点を異にするのである。前の性質の政治の様式より見て国家の形体を国体と呼ぶこと、既に述べた通りであるが、後の性質の政治の様式より見て国家の形体を政体と呼ぶのである。この政体という言葉が如何なるものを示すかということも、前に国体という言葉について述べたと同じ考方で考えなくてはならぬ。即ち、この言葉の語義とその言葉の示す概念とを区別し、又、その言葉で一般社会が示そうと思っているものを考えるべきである。

三　国体と政体とは別もの

右に述べたところから、自ら、国体なる言葉の示す概念と政体なる言葉の示す概念とは別々のものであることが知られる。私の前示論文は、日本国憲法により国体が変更する、ということを説くのであるから、国体以外政体のことに論及するの必要はないので、政体のことには一言も触れてない。然るに、和辻教授は政体という言葉を持ち出され、これにより私の所論を論難せられる。私は、教授の所説については、先ず、私が前示拙論で国体というたの、及び、今政体というのは、わが国の言葉としていうのであって、昔のギリシアなどのことと関係ないこと、次に、言葉と概念とを混同してはならぬ、ということを、注意しておくの必要を感ずるのである。併し、教授の所説を誤り伝えてはならぬと思うので、少々煩わしくなるけれども、先ず左に教授の所説そのままを引用し、次で鄙見に及ぶこととする。

和辻教授は曰われる、「何人が国家統治権の総攬者であるか、という面より見た国柄は、久しく「政体」という概念によって示されて来た。ギリシアの昔以来、それが一人の王であるか、少数の貴族であるか、或は市民の全体であるかによって、君主政体、貴族政体、民主政体などが区別されている。もとより現実の国家にはさまざまの細かな濃淡の差別があって、簡単には片づかないが、しかし右のような政体の概念は、世界いずれの国家にも適用できるものである。しかるにこれをわざわざ「国体」という概念によって現わし、そのために「政治の様式より見た国体の概念」と「精神的観念より見た国体の概念」とを区別しなくてはならなくなる、というようなことは、わたくしには甚だ理解し難いのである」と（和辻教授論文四六頁）〔50～51頁〕。私は和辻教授のこの所説には観念の混雑があると思う。（一）教授が久しく政体という概念によって示されて来たといわれるものは、国体そのものである。教授の所説における政体の概念ということがわからぬ。「何人が国家統治権の総攬者であるか、という面より見た国柄」、というのが一の概念であって、それを国体という言葉で呼ぶのである。和辻教授はそのことを久しく政体という概念によって示されて来た、といわれるが、ここでは政体という言葉によって示されて来たというべきである。何人が国家統治権の総攬者であるかという面より見た国柄、というのが一の概念であって、それを国体というべきか政体というべきかは別として、それ自身概念であることを政体という概念によって示されるというのは、何のことか私には理解出来ぬ。ここで概念そのものとこれを示す言葉との混淆があるのである。問題はそんな言葉のことではなく、何人が統治権総攬者であるかという点より見た国柄、という一つの概念があるや否やにあるのであって、それを国体と呼ぶか政体と呼ぶかにあるのではない。前述の内容を持つ国柄ということが一つの概念として定立されるや否やということにある。和辻教授の叙述によれば、右の国柄ということは、昔から考えられ、世界いずれの国家にも適用できる、といぅのであるから（和辻教授前掲論文四六頁以下参照）〔50～51頁〕、そういぅことを一つの概念として定立することそのことは、和辻教授自身認めておられるところである。ただ教授はそれを国体といわないで政体といわれるに過ぎない。それは国家の形体に関する用語の問題であって、国家の形体に関する概念の問題ではない。（二）又、和辻教授は、「ギリシヤの昔以来、それが（国家統治権の総攬者のこと――筆者記）一人の王であるか、少数の貴族であるか、或は市民の全体であるかによって、君主政体、貴族政体、民主政体などが区別されている」などといわれているが、国家の形体に教授の示される三種あるとギリシアの昔からいわれていることは、国家学においていいふるしたことであって、国家の形体を説く者は、和辻教授に聞くまでもなく、何人も知っていることであるが、何故それを政体の区別といわなくてはならぬのであるか、わからぬ。従来寧ろ国体の区別といわれているのである。教授は、ただ私どもが国体と呼ぶ概念を政体と呼ばれているに過ぎぬ。言葉と概念との区別の理解がここでも必要である。教授が、そういぅ国家の形体（国体といぅとか、政体といぅとかはどうでもよい、ただそういぅ国家の形体である）を一つの概念として定立されることは私と何も変ったことはない。それを政体というのは言葉の問題である。しかし、言葉の問題としても、それが社会、殊に国家において、いかなる概念を示すものとして用いられているかということは注意しなくてはならぬ。そうしてそれに依らなくてはならぬ。ここに取り扱っている国体、政体という言葉はわが国において或概念を指すわが国の言葉であるから（ギリシアなどのことを指す言葉ではない）、わが国において如何なるものを指すかを見るべきである。これによれば、国体も政体も共に政治の様式より見た国家の形体を指していうのである。ところで、かかる国家の形体には、何人が統治権総攬者であるかという面より見た形体もあり、統治権総攬者が如何なる方法で統治権を行うかという面より見た形体もあるのであって、従って、統治権の総攬者が何人であるかという政治の様式から見た国家の形体という一の概念を立てると共に、統治権の総攬者が如何なる方法で統治権を行うかという政治の様式より見た国家の形体、という一の概念を立てることは少しも差支ない。そして前の概念を国体なる言葉で示し、後の概念を政体なる言葉で示すのである。だから、和辻教授が「しかるにこれをわざわざ「国体」という概念によって現わし」といわれ（和辻教授論文四六頁）〔50頁〕、又、「かりに政体の概念にかえて国体の概念を用うべき何等かの理由があったとして」といわれるのは、全く見当が外れていると思う。この教授の言葉では、私が政体のことを国体といい、又は政体に代えて国体なるものをいうているとせられているかのようだが、そんなことは少しもない。国体と政体とは二つの別々の概念である。このことは何も私が今始めていうのではない。わが国では、寧ろ一般に考えられている区別である。こんな問題について今更くだくだしく述べることは、私の学問的興味をよばぬほど、それはありふれたことである。これについては、拙著『我が国憲法の独自性』中に詳細に述べてある。国体、政体のことに関する私の鄙見を論評されるに当っては、先ず、私がこれについて既に別に詳論しておるものを一読されることを、希望する。学問上の意見交換の場合に他人にかかる用意を求めることは許されると思う。私は、教授が全然この私の既に公にしておる意見を参照せられていないらしいことを遺憾とせざるを得ぬ。（三）和辻教授は、「しかるにこれをわざわざ「国体」という概念によって現わし、そのために、「政治の様式より見た国体の概念」と「精神的観念より見た国体の概念」とを区別しなくてはならなくなる、というようなことは、わたくしには甚だ理解し難いのである」といわれる（和辻教授論文四六頁）〔50～51頁〕。この言葉も私には全く不可解である。わが国で国体という言葉を用いるときに、政治の様式より見た国家の或国柄をさす概念を示す場合と、精神的観念より見た国家の或国柄をさす概念を示す場合と、この二つを区別することも、何も私の始めていうことではない。わが国において国体という言葉を用いるとき、国家を政治の様式より見てその或国柄をさして国体という場合と、国家を精神的観念より見てその或国柄をさして国体という場合と、あるのであって、この両者を混同することが、国体の問題を迷路に導くの原因である。この区別も前述拙著『我が国憲法の独自性』中に明となっている。そして、憲法の規定により国体がどうなっているか、ということを問題としている場合には、政治の様式より見た或国柄をさして国体というていることは、勿論のことであるから、右の点を明にしておいたのである（前示拙論第二、一、二参照）。和辻教授が誤解していられると思う通り、私が「政体」の概念に代えて「国体」の概念を立てるのではなく、両者別々の二つの概念であるのである。和辻教授は、「そのために（教授によれば、私が、これをわざわざ「国体」という概念によって現わす、といわれること）、「政治の様式より見た国体の概念」と「精神的観念より見た国体の概念」とを区別しなくてはならなくなる、というようなことを理解し難い」とせられる（和辻教授論文四六頁）〔50～51頁〕。

この教授の所説はどうもわからない。国家の形体を政治の様式より見ることと、それを精神的観念より見ることとの区別は、国体と政体との区別の問題ではない。異なる二種の区別である。国体と政体との区別を立てると否とに関係なく、国家の国柄を政治の様式より見るという見地と、それを精神的観念より見るという見地と、二つの別はあるのである。故に私どもが国家の国柄を見る見地に右の二つを分つのは、国体と政体との区別を立てるや否やの問題とは関係ない。従って、和辻教授が、前述の如く、私が、そのこと（私が教授の言葉によれば、わざわざ国体という概念を用いること）のため前述両概念を区別しなくてはならなくなる、とする、といわれるのは、全くわからない。国体という言葉が、政治の様式より見た国家の或国柄の外、精神的観念より見て国家の或国柄を示すことがあり、そして私の問題とする国体は政治の様式より見た国家の或国柄のことであるから、私の問題とする国体の概念を明にしようとする場合には、先ず、右の国柄を見る両見地を区別し、これを混同してはならぬのであって、私はただこのことを述べたに過ぎない。教授の所説は、私の見るところでは、ハッキリしていないようである。

国体という言葉が如何なる概念を示すかは、わが国においてその言葉が如何なるものを示すものとして用いられているかを考えなくてはならぬのであって（前示拙論第二、一の末部、二の一段の末部参照）、それが国家の法制の中に用いられている場合には、その法制が如何なる概念を示すものとしてこれを用いるかを、厳密に考究することを必要とする。而して、そういう法制があった。それは治安維持法（今日は存しない）という法律である。同法第一条に「国体ヲ変革スルコトヲ目的トシテ結社ヲ組織シタル者又ハ結社ノ役員其ノ他指導者タル任務ニ従事シタル者」は一定の刑罰に処せられることになっていたのである。ところで、某地方において或国体が君主制の撤廃ということを目標として行動を為した。それが治安維持法に所謂国体の変革を目的とするものであるとせられた。大審院は、わが国は萬世一系の天皇が君臨し統治権を総攬することを以て国体と為すものであるから、前示某団体は治安維持法に所謂国体の変革を為すことを目的とするものだ、との判決を下した。即ち、国体というのは、何人が国家統治権の総攬者であるか、という点に着眼して見る国家の国柄の義であるとしているのである。かかる法制及びそれの裁判所による適用の実際を全然無視して、国体という言葉の示す概念を云々して見ても、それは独断の見というの外はない。

和辻教授は、私が自明のことのように用いているいくつかの概念がある、と難ぜられ（和辻教授論文四六頁参照）〔50頁〕、その第一のものとして国体の概念に関する私の見解を挙げておられるが、前述のところによれば、私が国体の概念とするところには、論証され得る根拠があるのである。これと異なり、和辻教授が、わが国において、従来一般社会において又法制において、国体という言葉が用いられている実状に一顧もふれないで、或論断を下されていることこそ、教授がそれを自明のことのように用いられているといい得ないであろうか。前示拙著『我が国憲法の独自性』は国体の概念、政体の概念に関する私の所説を説明し論証しているのであるから、私は、和辻教授が、かかる問題に関する鄙見を論難せらるるに際し、先ず兎に角前示拙著を参照せられたらよかったと思う。かくいうことは苟も学問といわれる議論を上下する場合には許されることと思う。和辻教授は、私が、一般社会が今日国体の言葉を以て示すものが、前述の如く、何人が統治権の総攬者であるか、という政治の様式より見た国柄である、ことを根拠として、それを国体の概念とすることを難じて、「しかし一般社会において用いられている国体の概念の一半が古来の「政体」のことにほかならぬとすれば、学者はその点を明かにして、政治の様式より見た国家構成形態は、世界に通用する政体の概念を以て現わすべきであり、曖昧な国体の概念を用うべきでない、と主張すべきではなかったであろうか」と述べられるが（和辻教授論文四六頁）〔51頁〕、これは全く中らぬ。前にも述べた如く、一般社会が国体という言葉（概念そのものではない）で思っているものがあるのだが、併し、それが如何なるものかは、一般社会に判然わかるものではない。学者はそれがかくかくのものであると判然と明にする。そのものが概念である（単に言葉であるのではない）。故に、学者はそれを率直に明にすればよいのである。和辻教授が、それが、古来の政体のことにほかならぬ、とせられるが、今日政体なる言葉を以て示されているものは、統治権の総攬者が如何なる方法を以て統治権を行うか、という点より見た国柄（統治権の総攬者が何人であるかという点より見た国柄ではない）のことであるから、国体というのと同一ではない（このことについても前示拙著『我が国憲法の独自性』を一読せられたい）。国体、政体というのはわが国の言葉であるから（ギリシヤなどのことはここでは問題でない）、我が国において如何なるものが理解されているかを明にすべきである。それは二つの別々の概念である。若し、教授の言にして、同じものだから、国体といわないで政体というてよいではないか、とのことなら、それは言葉の問題であって、概念の問題ではない。又、そういう論法ならば、強いて政体といわないで、一般の社会の用法により国体というてもよいではないか、ともいえるのである。元来国体、政体の区別という問題は、両者が異なったものを指すのか、同じものを指すのか、ということが第一の問題であって、異なったものであること前述の通りであるが、かりに同じものであるとしても、両者が均しく政治の様式より見た国柄のことである、ということは、疑ない。精神的観念より見た国家の国柄のことではない（精神的観念より見た国家の国柄のことは、始めより論外に置いてある。従って、国体、政体の異同のことについては、精神的観念より見た国家の国柄などいうことも亦始めより問題外のことである）。故に、「政治の様式より見た国体の概念」と「精神的観念より見た国体の概念」とを区別することを必要とするのは（前示拙論文第一参照）、国体という概念を立てる場合のみに限らず、政体という概念を立てる場合でも同じである。何故かというに、それを政体というとするも政治の様式より見た国家の国柄たるに変りはないからであり、そして、問題を混雑せしむるのは、国家の国柄を政治の様式より見る場合と、精神的観念より見る場合とを区別しないことの結果、生ずるからである。されば、和辻教授が、私のいう国体という概念（何人が統治権の総攬者であるかという政治の様式より見た国柄）のために、「政治の様式より見た国体の概念」と「精神的観念より見た国体の概念」とを区別するの必要をいうことを以て、理解し難く思われるのはいかにも不思議である。

かくの如く、この区別を為すことは、国体についてでも政体についてでも均しく必要だが、ただ、わが国の国体という言葉で、精神的観念より見た国柄を示すの例があるので（政体という言葉にはそれがない）、私の問題とする国体（政治の様式より見た国家の国柄）の説明を為すに当って、右の両見地の区別を先ず以て示すことを必要とするのである。和辻教授は、私が曖昧な国体の概念を用うべきでない、と叱正されるが、私は、国体という概念は何も曖昧な概念ではないし、且つ、一般社会に（法制をも含めて）現に国体という言葉を用いている以上、それが何等かの概念を示すものとして用いられるのであるから、学者はその言葉により社会の示す概念を社会の示すもののままに明にすることを要すると思うのである。学者と雖、右の客観的観察の態度を取らないで、自分の主観的の気持（認識整理の為でも、感情趣味満足の為でも）で、これを解すべきではないのである。そして、かかる客観的観察の態度を取る為には、かかる場合に往々混同される見地の判別をなすこと、即ち、今の問題の場合には、政治の様式より見る見地と、精神的観念より見る見地とを区別し、精神的観念より見る見地を除外することを要するのである。これでも尚和辻教授が理解し難いとせられるならば、私は何とも説明のしようがない。

和辻教授は、何人が国家統治権の総攬者であるか、という面より見た国柄は、久しく「政体」という概念によって示されて来たといわれる（和辻教授論文四六頁）〔50頁〕。それが政体という概念によって示されて来た、といわれることに関しては、言葉と概念との別や政体という言葉の用例などについて前に一言したから、これ以上せんさくしないとする。併し次の一点は明にしなくてはならぬ。国家の形体を考える場合に、何人が国家統治権の総攬者であるか、ということに着眼して考えることが要求されること、即ち、何人が統治権総攬者であるか、という面より見た国家の形体ということが、一つの概念として立てられることは、和辻教授も認めていられる。何故かというに、教授は、「何人が国家統治権の総攬者であるか、という面より見た国柄は久しく政体という概念によって示されて来た」といわれるから、右の概念（言葉ではない）そのものを立てることは教授も認められているといわざるを得ない。ただ、教授はそれを政体という概念と呼ばれる。だから、この点に関する限では、教授の所説は実は言葉の論に過ぎない概念の論ではないのである。併し、かさねていうが、言葉の論としても、国体というのはわが国の言葉としていうのである。ギリシヤの昔からどうだとかこうだとかいうようなことは、ここでは少しも関係がない。

第三　国体の概念に該当する事実

一　国体の概念と国体の概念に該当する事実

何人が統治権の総攬者であるか、という政治の様式より見た国柄、という一つの概念を立て、それを国体というとするとせば、一の国家において特定の人が統治権の総攬者である、ということは、国体の概念に該当する事実である。ただここに概念に該当する事実ということについて注意すべきことがある。それは法律事実ということであって、社会的事象というようなことではない。このことは苟も法的考察を為す者にとっては明なことだが、併し一般には見おとされることもあるから、特にこのことについて一言する。

何人が統治権の総攬者であるか、ということは、法――この場合には根本法たる憲法である――が定めるのである。憲法が特定の人を以て統治権の総攬者とすると定めるのであって、この憲法の定めを外にして、或人が統治権の総攬者であるのではない。故に、或国家において或人が統治権の総攬者である、ということは、その国家が如何なる国体の国家であるかを知るべき法律事実である。これを称して、国体の概念に該当する事実という。それは前述の法律事実ということであって、社会に発生した事実ということではない。その事実というのは、社会に発生した、従っていわゆる歴史的の、事象というようなことではない。法が取り扱っていて法上の定めの対象としている事項という義である。和辻教授は、後に明となるであろう通り、右の法上の概念を取り扱う場合に、概念に該当する事実というの意義を誤解していられるのであるまいか。

二 個々の国家の国体の識別

何人が統治権の総攬者であるか、という点に着眼した国柄ということは、凡そ国家というものについて考えられるものである。それが、国体の概念である。ところが右のことは、個々の国家が如何なる国体をもつか、ということではない。故に個々の国家が如何なる国体をもつかということは、個々の国家について見なくてはならぬ。それは、個々の国家において、前述の、国体の概念に該当する事実が如何なるものであるか、ということを見るのである。全く特定の国家について見るの外はない。

或国家においては、特定の或者が統治権の総攬者となっている。その特定の或者――それは個々の国家について見るべきである――が統治権の総攬者になっているということが、その国家の国体であり、その特定の或者が統治権の総攬者である、ということが、国体の概念に該当する事実である。且つその国家における事実である。故に或特定の国家の国体が如何なるものかを知るのは、国体の概念というものに該当する事実として、その国家において存するものを見るべきである。

さて然らば、かかる国体の概念に該当する事実は如何にして成立するか。

第一に、それは、その国家の法が定めるのである。詳しくいえば、その国家の法が、其の特定の或人がその国家においては、統治権を総攬する、と定めるのである。だから、前に述べた通り、法律事実なのである。社会の実力関係として社会的事象として存在するということではない。法がそう定めているということである。だから、法の定めを外にして右の国体に該当する事実が何であるかを明にしようとしても、それは出来ない。見当が外れているからである。

第二に、その法は、その国体のことを考える時の法なのである。例えば、今日わが国が如何なる国体をもつかということを考える場合には、わが国の今日の法即ち日本国憲法について見るのである。

だから、国体の概念は一般の国家を認識する場合に役立つ一の概念であるが、個々の国家が如何なる国体をもつかは、国により差異があり得るし、同一の国家においても時代において差異があり得るのである。そうして、その差異は、全くその国家の法が如何なることを国体の概念に該当する事実とするか、という点から生ずるのである。

第四　わが国の国体とその変更

一　わが国の国体を定める帝国憲法と日本国憲法

以上の所説によれば、帝国憲法がわが国の現行法として存する時代には、帝国憲法によって、国体の概念に該当するわが国の法律事実が定められ、従ってわが国が如何なる国体をもつかが定められるのであり、日本国憲法が現行法として存する時代には、日本国憲法によって、国体の概念に該当するわが国の法律事実が定められ、従ってわが国が如何なる国体をもつかが定められる。だから、日本国憲法が国体の概念に該当するわが国の法律事実として定める事項が、帝国憲法の定めるものと同一であるときは、わが国は、日本国憲法下に在っても、帝国憲法下におけると、同一の国体をもつのであるが、それが同一でないならば、わが国は、日本国憲法の下に在っては、帝国憲法の下におけるとは、別異の国体をもつのである。右の後の場合に、わが国の国体は変更する、というのである。こういう意味で、私は、前示の論文において、わが国の国体は変更する、と説いたのである（「変更する」という言葉を用いたわけは、論文起草の当時は、日本国憲法はまだ施行されず、ただ公布されたに止まっていたからである）。

帝国憲法の現行法であった時代には、わが国が如何なる国体を有するかは、帝国憲法が如何なる事項を、国体の概念に該当する事実——法律事実である——と定むるかを見て、知るべきであった。帝国憲法は、特定の血統に出づる特定の一人が、統治権を総攬する、と定めていた。故に、帝国憲法の時代においては、わが国の国体は、特定の血統に出づる特定の一人が統治権を総攬する、という国体であった。その一人は天皇と申す一人であった。広く用いられる言葉では、萬世一系の君主国と呼ばれる国体であった。

帝国憲法を改正した日本国憲法によれば、天皇と呼ばれる特定の一人が統治権を総攬するのではなく、国民が統治権を総攬する、と定められている。このことは日本国憲法の条規の解釈に属するが、既に世間に知れわたっていることであり、又、私の前示論文でも述べたことだから、今これをくり返さない。尤も、日本国憲法では、統治権という言葉を用いずして、国権という言葉を用い、又、国民が国権（即ち統治権）を総攬するという言葉を用いずして、国民が主権を有する、という言葉を用いているけれども、それは、今和辻教授及び私の取扱っている問題に関して用いる言葉としては、国民が統治権を総攬する、ということに外ならぬ。

然れば、わが国において、統治権の総攬者（詳しくいえば、統治権の総攬者と法により定められた者）は、帝国憲法の時代と、日本国憲法の時代とにより、変更したのである。これを指して、わが国の国体が変更した、ということに、何の不思議があるであろうか。

二　帝国憲法以前の国体

以上の所説によれば、わが国の国体が日本国憲法により変更したかどうか、という問題において考えられている国体とは、帝国憲法の下においてわが国がもっていた国体のことである。故に、帝国憲法以前にわが国のもっていた国体のことではない。何故かというに、前に既に述べた如く、わが国が如何なる国体をもつかは、そのことを考える時の憲法の定める法律事実を見て知るべきであるからである。故に、帝国憲法以前のわが国の国体と帝国憲法時代のわが国の国体との比較、従ってその異同如何は、日本国憲法により国体が変更したかどうか、という問題の解決については、全く関係のないことである。私の問題、即ち国体の変更があるかどうか、ということは、帝国憲法の下において、天皇が統治権を総攬する、という国体であったのが、日本国憲法によりそうでなくなったかどうか、ということなのである。かりに、若し、帝国憲法以前の憲法——勿論不文の根本法である——の下で、天皇が統治権の総攬者ではなかった、としても、それは、私の問題には関係のないことである。

然るに、和辻教授は、私が国体の概念に該当する事実として挙げたものが、理解し難いとせられ、じゅんじゅんとして教示される（和辻教授論文四七頁以下）〔50頁以下〕。が、私は、教授の所説が、日本国憲法により国体が変更する、という私の主張そのものには直接関係ないこと、及び、教授の所説中、法的に見ると観念の混淆のあることを遺憾とする。

第一、和辻教授は、「これは（天皇が統治権の総攬者であること）明治憲法の規定を事実として挙げられたものであるが、明治以後（此点は和辻教授の施されたもの。筆者記）それが事実であったことは何人も疑わないところである。しかし天皇の伝統は国初以来のことであって明治以後に限らない。そこで博士が「国体の概念に該当する事実」と呼ばれるものは、明治以後の事実なのであるが、或は国初以来の歴史を通じての事実なのであるか、という疑問が起るのである。（此点は和辻教授の施されたもの。筆者記）」と疑問を投げ出される。そして、教授は、「この疑問は博士が国体の概念を採用していられる限り、非常に重大である。一般社会の考では、国体の概念を政治的意義に限る場合でも、それが日本の歴史を一貫する特性であることを信じているのである。博士が国体の事実は明治以後の事実であると断られない限り、この一般社会の考を暗々裏に受け容れられているのではないかと疑われる。もしそうであるならば、国体の事実が日本国憲法において変更するという博士の主張は、日本の歴史を貫いて存する国体の事実が、ここで変更するという意味になるであろう。もしそうでなく国体の事実が明治以後の事実であるのならば、右の主張は、明治憲法に表現された国体の事実が日本国憲法に於て変更するということに過ぎない。それはもっと簡単に言えば、帝国憲法が日本国憲法に変るということなのである。従って博士の「所謂国体の概念に該当する事実」が右のいずれの事実を指すかということは、博士の主張に非常な軽重な差を生ずることになる」（和辻教授論文四七―四八頁）〔53頁〕と述べられる。この教授の所説については、国体の概念に該当する事実というのが法律事実であること、如何なる国体なるかはこれを考える時の法によりて定められること、及び、統治権の総攬ということを明にすれば、自ら明となるのであって、前の二つのことは既に述べたところであるけれども、教授の疑問に即してこれを述べる。後の一つのことは、苟もかかる問題を論ずる者にとっては、前提となっておるところであって、特に説明を要しないので、教授の問難せられる私の前示論文においても別にくどくど述べていない。併し、和辻教授の右の所説に接して、やはりこんなことでも述べて置くの必要のあることを思うので、一言する。

第二、私の主張は、日本国憲法によりわが国の国体が変更する、というのである。こんなわかりきったことをあらたまって述べることを、世間はおかしく思うかもしらぬが、和辻教授への私の答として、問題そのものの意義を明にしておかなくてはならぬ。和辻教授は、国体の概念に該当する事実、ということの意味を誤解せられているのではあるまいか。私が、国体の概念に該当する事実というのは、わが国において、憲法の定むるところにより、特定の或一人が統治権の総攬者である、とせられる法律事実のことである。法の定めと関係なくして見る、社会的事象たる状態——実力関係はこれに属する——をいうのではない。これは前に述べたから、ここにくり返さない。

右の事実が如何なるものであるかを知るには、憲法の定めるところを見なくてはならぬ。法を見るということは、そのことを考える時に現行のものである法を見ることである。これも前に述べた。私が、前示私の論文において、日本国憲法によって国体が変更する、と主張する場合、変更せられる国体の概念に該当する事実は、私がそれを主張した時の現行法たる帝国憲法の定める法律事実であることは、いうまでもない。故に、帝国憲法以前の憲法——不文の根本法——では、そういう法律事実は定まっていなかったとせば——和辻教授はそういう見解らしい——帝国憲法以前に在っては、天皇が統治権の総攬者でなかった、ということになること、勿論である。仮りにそうであるとしても、私の主張には何の影響もない。私の主張は、わが国が国体の法律事実として定むるものが、日本国憲法の施行により帝国憲法の定むるものと異なるものになった、即ち国体は日本国憲法により帝国憲法下のものとは異なるものに変更した、というのであるから、和辻教授の詳しく述べられている、帝国憲法以前のことは私の直接問題とするところではない。だから、和辻教授の所見（天皇が統治権の総攬者でなかったという所見）そのままに従っても、私の主張には一向影響しないのである。併し、それだからとて、私は、帝国憲法以前の国体がどうであったか、ということを顧慮していない、というのではない。ただ、それは帝国憲法下の国体と帝国憲法以前の国体との異同の問題である。日本国憲法による国体の変更の問題ではない。前の問題が、後の問題と共に、重要の問題であることは、和辻教授と同様、私も認めるけれども、併し、それは後の問題そのものではない。従って、日本国憲法により国体は変更する、と主張する私の問題とは別に考うべきである。故に、正確にいえば、和辻教授の論文の大部（四七頁以下）〔52頁以下〕には、実は私の問題とは関係のないことが多い。尤もこのことについても勿論従来一応の私見はもっている。私の前示論文においては、私はそれに詳しくふれていない（ふれる必要がないのである）が、今和辻教授の所説に即して鄙見の要点を左に述べよう。

帝国憲法以前においては天皇は統治権の総攬者ではなかったのであるか、どうか。私は、統治権の総攬者であった、と理解している。和辻教授は、「明治以前においては天皇は久しく統治権の総攬者ではなかった」と断定せられる。「久しく」といい添えられているから、明治以前には、一般に天皇が統治権の総攬者ではなかったとせられるのではなく、統治権総攬者でなかったことが久しい間あった、という意味であろう。和辻教授の所説においては、教授の所謂歴史的事実を見ることが高調せられるのであるが、私が帝国憲法以前においても天皇が統治権の総攬者であった、と理解するのも歴史を見るのである。が、教授の所謂歴史的事実なるものの見方は、私がこの問題に関して歴史を見る見方とは異なるようである。天皇が統治権の総攬者であったかどうか（あるかどうかという場合も同じ）の問題については、先ず以て統治権を総攬する、ということの意味を明にしてかからなくてはならぬ。統治権の総攬とは、統治権という国家の包括意思力を全体としてつかんでいることである。他の言葉を以てせば、一般に統治権の源泉であることである。特定の場合に個々の事項について統治権を発動してこれを行うということではない。統治権の総攬と統治権の発動とは異なる。統治権の総攬者は特定の場合に個々の事項について統治権を行うのであるが、特定の場合に個々の事項について統治権を行うことそのことが、統治権を総攬する、ということではない。凡そ何れの場合にでも、如何なる事項についてでも、統治権を行うという力を有するということが統治権を総攬することである。勿論、憲法において、統治権の総攬者でも特定の場合において或事項について統治権を行い得ない、と定められることはあるのであって、それは論外のことである。

第三、和辻教授は歴史的な事実とせられる種々の事項を教示せられる。

教授は、先ず、徳川幕府の時代より初められる。教授は、徳川幕府が、幕末にアメリカとの条約を締結したが、その場合朝廷の意思を顧慮しなかった、ことや、幕初に、朝廷の権限を規定する禁中並公家御法度をさえ制定したが、その場合天皇の裁可があったのではない、ことやを示し、天皇が統治権の総攬者ではなかった、といわれる。これは前述の統治権の総攬という法上の概念の誤解である。統治権を総攬するということは、個々の事項について統治権を行うということではない。これは前に述べた。従って、統治権を総攬するということは、総攬者が親らそれを行うということではない。或は親ら行うこともあろう。或は他の者に委任して（統治権を行うことを委任するのである、統治権を総攬することを委任するのではない）行わしめることもあろう。前の場合には統治権総攬者の親政という。後の場合には更に二つに分れる。即ち、個々の特定の事項について統治権を行うことを委任することもあり、統治権を行うことを一般に委任することもある。一般に委任された者でも統治権を総攬するのではない。そして、この委任（それが個々の委任でも、一般の委任でも）をすることは、それ自身、統治権総攬者であるから、なし得るのである。彼の徳川幕府が、統治権を行うていたのは、天皇により統治権を行うことを一般に委任されていたと解すべきものである。徳川将軍家が統治権の総攬者であったのではない。その統治権を行うことを一般に委任されているので、個々の場合（例えば前示の条約の締結や法度の制定）に、幕府が統治権を発動してこれを行うたのである。和辻教授が前示の場合を示されたのは、それでよいが、併し、それは天皇が統治権総攬者として一般に委任された結果であって、それが為に、天皇が統治権総攬者でない、ということにはならぬ。考察すべき点は、徳川幕府が前示の如き個々の事項について、統治権を行うたという社会事象（法律事実ではない）の存在にあるのではなく、それを行う権限を有する法上の根拠にある。法的考察の外に立てていてかかる問題を考えることは的外れである。ただ、和辻教授は、幕府が、条約の場合には、朝廷の許可なくしてこれを締結したこと、法度制定の場合には、天皇の裁可なくしてこれを行うたことを、重要な根拠として、天皇が統治権の総攬者でなかったことを主張せんとせられるのであるかも知れぬ（和辻教授論文四八頁）〔53頁〕。もしそうであるならば、これも的外れである。前述の如き統治権発動の一般の委任がある場合に、個々の特定の場合について、天皇の意思関与を留保することは考えられるが、この留保の存せざることもある。この留保の存せざる場合には、委任を受けて徳川幕府が天皇の意思を顧慮せずしてすることは委任に反する行動ではない。違法の行動ではない。この留保の存する場合には、天皇の意思を顧慮せずしてすることは、勿論委任に反する。違法の行動である。前示の場合に一般委任に右の留保があったかどうか、私は今知らないし、又私自身研究する資料をもたない。それは法制史的の問題である。併し、もし右の留保があって、それに反する行動があったと解するとするも、それは、法的根拠を欠く違法の行動である、というに止まる。天皇が統治権を行うことを一般に幕府に委任したのだ、という法的根拠を否定するの理由とはならぬ。従って、天皇が統治権の総攬者でなかった、ということにはならぬのである。

教授は、次に、鎌倉時代、足利時代に及ばれる。教授は、鎌倉幕府が日本国内に治外法権の私国家を統治するものとして成立したとし、しかもその私国家の統治権の拡大、日本国家の統治権の縮小は、戦争によって遂行されたとし、足利時代には日本の国家組織は崩壊して多くの小国が分立し、個々の小国には国家の意思を全般的につかんでいる人があったが、日本国としては統一ある国家意思の発動などはなくなったことを指摘される。かかる場合に私国家とか、小国分立とか、日本国家の統治権の縮小とか、というような言葉を用いることが学問上正確なるものとして許されるかどうかについて多大の疑問がある。併し、それは今はどうでもよい。和辻教授はそんな意味の正確さには拘泥されないようだからそれでよいとしておくが、教授の所説は社会的事象そのものを述べられたものに過ぎぬ。かかる社会的事象のあったことは何人も知っている。併し、ここでの問題はかかる社会的事象そのものではない。そういう社会的事象のあった時代において、わが国の国体の法律事実は如何なるものであったかということに在る。換言すれば、右の社会的事象は法制との関係において如何に判断せらるべきであるか、ということに在る。これを如何に判断すべきかという法制史的考察としては、私は十分に論断する能力を有しない。従って、右の社会的事象において、統治権総攬者よりの一般的委任と解すべきものが、果して存しなかったかどうか、それは法制史家の論断に待ちたい。和辻教授は、自ら法制史的論断を為し、そういう委任はなかったとせられるようである。併し、かかる社会的事象について、統治権総攬者より統治権発動の一般的委任を受けた上の行動でない、ということが正確であると前提すれば、次の如くなる。それは、統治権総攬者よりの正式の委任なくして統治権を行う、という違法の行動が行われたのだというか、又は、そういう行動により、統治権総攬者をして正式の委任を為さしめようとしたものだ、というべきである。そのことから、直に、そういう行動を為した者以外にわが国統治権の総攬者がなかったということにはならない。天皇が統治権総攬者である、ということが、わが国の国家の初よりの制度（勿論成文の法ではない、不文の法である）で定まっていたのであるから、——従来一般にかく解されている、私もこれに従っている——前述の社会的事象については、右の制度に違反した行動が行われたのだ、というべきである。それですぐ、天皇が統治権の総攬者でなかった、ということを断定し得ることにはならぬ。

教授は、以上の徳川幕府時代、鎌倉幕府時代、足利時代のことを述べて、特に、これが歴史的な事実である、と教示され、更に進んで、藤原時代のことに遡り、「天皇の名において事実摂関が統治権を総攬した時代を入れれば、ほとんど千年近い間、短期間の例外を除いて、そういう状態であった」といわれる（和辻教授論文四九頁）〔55頁〕。「天皇の名において事実上摂関が統治権を総攬」するというようなことが、私見によれば、正確を欠く表現である。事実上統治権を総攬するというようなことは、ここに取り扱っている国体の問題については、理解出来ない。前にも述べておいた如く、或者が統治権を総攬する、というのは、法がその者を以て統治権を総攬する者と定めている、ことをいうのである。事実（法律事実のことではない）の問題ではない。このことは前に述べたところで十分であるから、これ以上くり返さぬ。それが、統治権総攬者の行うべき行動を事実行うていた、という意味とすればそれでもよい。併し、それならば、統治権を行うていたということであるから、統治権の総攬とは異なる。統治権の総攬と統治権の発動との区別は前に述べてあるが、この両者を混同されてはとても話は出来ない。而も教授は、わざわざ「天皇の名においてて」と附言されているから、天皇が総攬者であったことになるが、それにも拘らず、事実上摂関が「統治権を総攬した」といわれるのは、どうも正確な理論上の観念としては理解出来ないのである。それが、統治権を行うていた、という意味であるとすれば、わかる。併し、それならば、統治権の総攬ということが個々の事項について統治権を行うということでない、ということを無視した誤である。藤原時代でも、和辻教授の示された状態だけでは、天皇が統治権の総攬者でなかった、ということは断定出来ないのである。

第四、そこで、私は今和辻教授の「歴史的な事実」といわれるものについて述べなくてはならぬことになった。前述の如く、和辻教授は、特に、「これが歴史的な事実である」と説かれた。これは、私が、国体の概念に該当する事実と説いたものに対する批判として詳述せられた後の言葉である。恐らく私の所説が歴史的な事実に反する、とのことを教示される趣旨であろう。私は、前にも述べた如く、国家の法制の定めるものとしての事実即ち法律事実について考えているのである。この法律事実が古より今に至るまでどうなっているのか、ということは問題として考えてもよい。それは一つの歴史である。そういうことを事実というならば、それは歴史的な事実である。ただ、その歴史というのは、社会的事象の発展変遷というのではない。国家の法は、特定の者が統治権を総攬する、と定めるのであるが、その法の定めるところが、如何に発展変遷しているか、ということであって、法律事実としての発展変遷である。歴史というてもただ社会的事象としての歴史ではない。法律事実の歴史である。法制史である。故に、国体の事実（法律事実）について歴史というても、それは法制史としての歴史的な事実というのでなくてはならぬ。単なる社会的事象の歴史としての歴史的な事実というのではいけない。尤も、国体についても、単なる社会的事象の歴史としての歴史というものが考えられぬ、というのではない。ただ、ここでは、国体の概念を明にするという問題において、国体の概念に該当する事実（法律事実）として、歴史的な事実ということの意味をいうのである。和辻教授が歴史的な事実といわれるのは、右のいずれの意味のものか知らぬけれども、教授の論文の全体より見て、ただ単なる社会的事象としての歴史的のことのようである。その意味で歴史的の事実が教授の示された如きものであることは、特に歴史の研究者でなくても大体知っているところである。が、併し、それは私の今の問題ではなく、今の問題では、天皇が統治権を総攬するものと、法によって、定まっている、という法律事実についての歴史即ち法制史的な事実として歴史を考えなくてはならぬ。私は、この意味の歴史的な事実として、天皇が統治権の総攬者である、という法律事実は、古今同じであると考える。前示の和辻教授の示される、社会的事象としての事実があっても、それが為に、天皇が統治権の総攬者でなかった、ということはいい得ないこと、既に説いた如くであるからである。尤も、私の前示論文は、日本国憲法によって国体が変更する、ことを述べたのであり、変更したのは帝国憲法の定める国体との比較において述べたのであるから——これは既に明にしてあるが——帝国憲法以前の国体の法律事実の歴史のことは、実は直接に私の問題には関係ない。併し、和辻教授は、私の論文に対して、特に歴史的な事実ということを高調されているので——実は私の論文そのものに対するものとしては的外れと思うけれども——私は歴史的な事実ということを取り上げ、日本国憲法以前には、法律事実としての国体の事実には古今異同がない、という鄙見を述べたのである。

第五、和辻教授が教授の所謂歴史的な事実なるものを根拠として、鄙見を論難せられたことに対する、私の御答は、個別的の事項に関するものとしては、前述の如くである。これで十分だと思う。然しながら、教授は、前述個別的事項の説明を為された後、更に、総括的に論断を下されているので、この総括的論断について、お答することが、一層よく私の見解を明にすることとなる。和辻教授は、「佐々木博士のいわれる如く、「天皇が統治権の総攬者である」ということが国体の事実であるならば、それは千年以前の日本において存し、その後漸次実質を失って、短期間の例外のほかは約七百年間あとを絶ち、明治維新において復興され、帝国憲法によって明かに表現された事実にほかならない。即ち日本の歴史を貫いて存する事実ではなく、千年前の事実であり、また明治以後に復興された事実なのである。千年前の事実は既に千年間も埋没していたのであるから、それが今なくなるということは問題ではない。問題になるのは、明治以後、特に帝国憲法において確立された事態が、今変更する、ということである」といわれる。更に又、「とすると、佐々木博士が「国体は変更する」として強く主張しようとせられることは、長期に亙る歴史的存在としての日本国に何か重大な変更が起るということではなく、明治以後に日本に建てられた政体が、過去の日本にとって別に珍しくもない状態の方へ、一歩近づいたような変更をうける、ということに過ぎないのではなかろうか。それを博士が非常に重大な問題のように主張せられるのが、わたくしにはどうも解らないのである」といわれる（和辻教授論文四九頁）〔55～56頁〕。この所説に対しては、私が前に個別的に述べたところを正確によむ人は、自分で批判出来ると思うけれども、折角教授が、私に対して、総括的に力説せられるところであるから、私も一言せざるを得ない。（一）教授は、ここでも、国体の事実ということを、社会的事象としての事実と混同し、統治権の総攬者である、ということが社会的事象であると独断していられる。その独断の下に立論されている。これも前に述べたところだから、くり返さぬ。教授が、約七百年あとを絶ったといわれる事実は、社会的事象としての事実であって、法が定めた法律事実ではない。法律事実としては、私の法制史的見解では、天皇が統治権の総攬者である、ということは、絶えることなく存続していたのである。尤も私は法制史的考察を為すの能力を具えているものでないから、正確なことは、その道の学者の研究によるの外ない。（二）それが明治維新において復興された事実にほかならない、と和辻教授の述べられたことについても前述のところで明であるから、くり返さぬが、ここに一つ、教授の根本的誤解と思われる、新な事がある。それは明治維新従って王政復古ということについてである。和辻教授は、明治維新、王政復古を以て、天皇の統治権総攬者たる地位が復活することであったと解していられるようだ。が決してそうではない。ここでは、前に述べた、統治権を行うことを一般に委任することと、統治権を総攬することと、の性質上の差異を忘れてはならぬ。明治維新前には、天皇が統治権を行うことを一般に将軍に委任せられていたが、その委任をやめて天皇親らこれを行わせられることにする、これが王政復古であった。天皇が統治権を親ら行うことを親政という。故に王政復古は親政の復活である。併し統治権の総攬の復活ではない。和辻教授は、前述の如く、藤原時代のことを説かれた後、「このことは明治維新の頃人々が単純に認めていたのであって、それを示すのが、「王政復古」という標語である。人々は王政という言葉によって天皇が統治権の総攬者である事態を指し、それが長期に亙る廃絶の後に復興されるのだと考えたのである」といわれる（和辻教授論文四九頁）〔55頁〕。当時の人々は統治権の総攬ということの正確な観念は勿論、その言葉をもってはいなかった。その王政というのは、天皇が統治権を、前述の意味で、総攬することを正確にいうたのではなく、これを親ら行うの地位に在ることをいうていたのである。即ち天皇の親政のことであった。統治権を総攬せられている天皇が親政せられる、ということの復活を王政復古というたのであった。王政復古ということを、法的に正確に考えなくてはならぬ。和辻教授からいえば、天皇が統治権総攬者でない、ということは、古来珍しくもないのであり、日本国憲法により、天皇が統治権の総攬者でなくなる、ということは、古の状態に一歩近づいた変更に過ぎないとせられ、それを私が非常に重大な問題のように主張することが解らない、とせられる。統治権の総攬者ということを、教授のいわれるような、単純な社会的事象としての状態のこととする見地よりするならば、それは、教授の言の如く別に珍しいことではないといえよう。併し、前述の如く、そうでなく、それが法律事実であって、古来一貫している、とする、社会変遷の法的認識の見地よりするならば、それが今日本国憲法により変更し、天皇が統治権総攬者でなくなる、ということは、事象認識の問題として重大な結果である。和辻教授の如く古来天皇が久しく統治権の総攬者でなかった、とする見地よりせば、重大な問題ではない。だから、教授が、私が重大な問題だとすることを解らぬとせられるのは、実は教授が、教授と見地を異にする者の立場を無視せられるものではあるまいか。天皇が古来常に統治権の総攬者であったとする見地の者が、一朝そうでなくなったことを重大な問題とする態度は、右の見地に立って見て思うべきである。天皇が古来久しく統治権の総攬者でなかったとする見地に立つ者が、自己の見地に立ったままで、自己と別の見地に立つ者の問題を重大視する態度が解らぬ、というて見ても何とも仕方ない。天皇は常に統治権の総攬者ではなかったとするの見解を有する人でも、天皇が常に統治権の総攬者であったとする見地の者が、そうでなくなることを重大の問題とする態度の、解らぬ筈はない。何故かというに、苟も学問上の考察において、甲乙が別々の見地を取ることのあるはやむを得ぬが、併し、甲がその見地そのものを捨てねばならぬようになるということが、甲にとって如何に重大であるかは、甲と異なる見地を取る乙においても解る筈だからである。それを和辻教授の如き学者が解らぬとせられることこそ、私に取っては解らぬのである。

三　国体不変の論の説明努力

日本国憲法により国体が変更する（勿論、政治の様式より見ていう国体についていうので、つまり統治権を総攬する者が変更するのである）、という私どもの見解――この見解は決して私一人の見解ではない――に対して、時の政府は、初めは変更せぬ、と力説したが、遂に変更すると述べるに至った。而も、所謂「あこがれ論」、「心のつながり論」を為して、精神的の面よりする説明を為し、国体は変更せぬと言おうとするものの如くであった。要するにハッキリしなかった。併し、国体という言葉を用い、又国体という概念を立てることを否定するものではなかった。今、和辻教授の所論も、私には、政府の所説と同じようにハッキリしない感じを与える。尤も、教授は、国体の概念を立てることそのことを否定し、政体の概念を立てるべきだ、といわれる点で政府と異なる。而も、教授は、何人が国家統治権の総攬者であるか、という面より見た国柄は、久しく政体という概念によって示されて来た、とせられるのであるから、教授の政体の概念は私のいう国体の概念と同じものであって、ただ、別の言葉で示されたものに過ぎない（本論第二、三参照）。どうも私にはハッキリしない。私には、如何なる言葉を用いるかが問題ではないのであって、その言葉を以て表現せんとするものが問題であるのである。

和辻教授は、私が、日本国憲法により天皇が統治権総攬者でなくなる、と説くことに対し、前述の如く、歴史的な事実として、従来とても天皇が統治権の総攬者でなかったことがあるとせられると共に、進んで、統治権総攬者であるということが天皇の意義にとってそれほど中枢的なものであろうか、という、問題に移り、天皇という言葉の語義や、天皇は日本国民の象徴である、という日本国憲法の文句やを引用し、統治権の総攬者であることが天皇の意義の中枢的なものでないことを詳論せられる（和辻教授論文四九頁以下）〔55頁以下〕。私は、左に、この教授の論述が私の問題にふれていないこと、及び、それにしても教授の理由附について思うところを述べる。

第一に私は、天皇が統治権の総攬者であることが国体の概念を立てる場合の中枢的（和辻教授の用語に従う）のものであることを述べたのである。天皇の意義の中枢的なものである、というようなことを論じたのではない。天皇というものが統治権の総攬者であろうとあるまいと、天皇の意義に関係ないとするなら、それでよい（私は関係するとする）。併し、これは、天皇が統治権の総攬者であることが、わが国の国体である、という論理には何の影響もない。国体の概念ということと天皇の意義ということとを混同してはならぬ。故に、和辻教授が、天皇の意義とせられるものについて縷々述べられることは、わが国の国体は天皇が統治権の総攬者であることだ、という私の説明そのものについては、実は論外のことである。併し、教授が私の所説を批判するものとして示されたことであるから、これについて一言する。

先ず、和辻教授は、天皇の語義として、「すめらみこと」であること、「すめら」は「すべる」、

「統一する」の義であることや、その「統一する」ことが起原としてはまつりごと（祭事）によって発動したが、やがて政治（まつりごと）というに変って来たなどのことを説かれる（和辻教授論文五〇頁）〔58頁〕。語原的のことについては、私は自分で研究する能力を持っておらぬ。けれども、和辻教授が述べられた程度のことは、説きふるされてあることであって、私も知っている。併し、そんなことは私には問題でない。今日まで、天皇は政治の面においても、統一する、すべる、力をもつものである、とは一般に思っていた。その起原が、政治においてではなく、祭事において統一するものであったかどうかの穿鑿は、和辻教授などの専門的研究にまかせて置く。かりにそれにしても、近代今日まで、天皇の働きは政治において統一すること、すべること、である、と一般に考えていたことは疑ない。又、今日までの諸法制は皆その見地に立って制度を立てていたのである。「統一する」、「すべる」ことそれ自身は如何なる方面においても行われ得る働きであるが、政治の面においてそれが行われるということが、一般人によって、今日まで、天皇の性質の主眼とされていたことは、疑われぬ。和辻教授の語原学上の説明は私の問題の解決には何等ふれていないのである。且、当初においては祭事の働きそのものが政治の働きと考えられていたのではあるまいか。後に至ってこそ祭事と政治との性質上の差異を考えたにせよ、当初はそれを考えないで、両者同質の考ではなかったであるまいか。このことを、祭政一致というのではあるまいか。そうして祭政一致は今日行われていない。ただ漠然と「統一する」とか「すべる」とかいうのでなく、政治において、「統一する」、「すべる」ところに天皇の天皇たる性質の主眼がある。

要するに、和辻教授の語原学的説明にも拘らず、統治権の総攬者であると、いうことに天皇の性質の主眼が置かれている、と考えることが正しいと思う。

第二に、和辻教授は、天皇について象徴ということの意味を高調される(和辻教授論文五一頁以下)〔58頁以下〕。人の知る通り、日本国憲法第一条は、「天皇は、日本国の象徴であり、日本国民統合の象徴であって、この地位は、主権の存する日本国民の総意に基く」とある。この規定は法の規定として元来頗る不明確なものであって、憲法審議の際帝国議会の内外においていろいろ取沙汰されたものである。不明確というのは、象徴という概念が不明確であるというのではない、天皇が象徴であるということの法的意味が不明確なのである。この区別も大切であって、後にふれるかも知れぬ。和辻教授の象徴論もこの憲法の規定に即して為されている。ただ、教授がその論文において象徴ということを高調せられる態度より察すれば、教授は、天皇の性質として象徴ということに特別の主要性を置かれている。それほど重きを置かれているのだから、教授は、天皇の性質を説明される場合には、今日始めてではなく、従来とても、象徴という概念を以てせられている筈であるが、私はそれを知らないから、今それを参照しないことを恕してもらいたい。今ただ前示教授の論文について、教授の象徴論に基く私への問難に答える。

法文で象徴という言葉を用いたものは日本国憲法のみである。それは外国語の symbol という言葉と同一の意味で用いたものと思われる。外国の法文でもこの語を用いたものはないと察せられるが、私の知る範囲では、イギリスの Act of the Imperial Parliament to give Effect to certain

Resolutions passed by Imperial conferences held in the years 1926 and 1930（22 Geo. V, e. 4—December 11, 1931）の前文において、「Crown がイギリス邦の組成国の自由な結合の Symbol である」とある。併し、これは法文そのものの中ではなく、その前文の中である。私は、象徴ということを正確に説明するの自信はないけれども、それが如何なることであろうとも、それ自身では、法的の意味を持つものではない。象徴である、ということを一の法律事実として法が何等かの効果を定めることは、考えられるけれども、それは、象徴ということそのことが法的の意味であるのではない。

さて然らば、甲なるものが乙なるものの象徴である、というのは如何なることであるか。私の理解によれば、象徴という言葉は、事物を素朴的に考える場合に用いられることもあり、事物を、学問的に、例えば哲学的に、考える場合に用いられることもある。併し、法文中にある言葉としては、素朴的な考を示すものであって、学問的な考を示すものとして用いられたのではない。われわれは、観念において、或無形の性質、状態などを思うことがある。これを乙とする。それを、われわれが或物象に接するとき、極めて判然と看取することがある。その物象を甲とする。この場合に、甲が乙の象徴であり、乙を象徴するという。又、乙が甲により象徴される、ともいう、象徴される乙は観念上の或意味であり、象徴する甲は物象上の或形である。例えば、Xが未知という観念の象徴であり、白色が純潔という観念の象徴であり、犬が忠実という観念の象徴であり、獅子が勇気という観念の象徴であり、十字架がキリスト教義の象徴である、というの類である。

そこで、天皇が日本国の象徴であり、日本国民統合の象徴である、というのはどんなことであるのか。日本国の象徴というも日本国民統合の象徴というも同一のことで、結局は日本国の象徴ということに過ぎぬ、という見解があるが、私はそうは思わぬ、やはり二つの事だと思う。われわれには、日本国として営んでいる共同団体が一の独自の生命を持つ生活体であるという観念があるが、その観念を物象的に天皇の一身において看取する。これを称して、天皇が日本国の象徴であるという。又、われわれには、多くの国民が、個々別々には個々の生活体でありながら、日本国に在って統合されて一の共同生活体を為すという、観念があるが、その観念を物象的に天皇の一身において看取する。これを称して、天皇が日本国民統合の象徴であるという。故に、日本国の象徴であることと、日本国民統合の象徴であることとは、別々のことである。右の如く私は理解する。然れば、天皇が、日本国のにしても、又日本国民統合のにしても、それの象徴たることは、天皇の一身においてわれわれの観念が物象的に看取されること、なのである。物象甲が観念乙を象徴することは、甲が乙を表現する、というてもよい。これを指して、代表するというのは、わが国の言葉としては適当でない。代表とはわが国の言葉では、意思と意思との或関係をいうからである。

然れば、天皇が日本国の、又日本国民統合の、象徴であるということは、天皇が日本国の作用として何等かの行動を為されるということを示すものではない。従って、国家において統治するとか、国家統治権を発動するとか総攬するとかいう、意思作用のことを示すものではない、故に、日本国憲法第一条が天皇について象徴とする規定は、帝国憲法第一条が、天皇が統治すとし、同法第四条が天皇が統治権を総攬す、とする規定とは、全くその性質を異にするのである。和辻教授は、日本国憲法第一条と帝国憲法第一条並に第四条とを比較して論ぜられているのでないから、両者の性質の異同を如何に考えられているか、私はここに明言出来ない。ただ、日本国憲法第一条が、主権の国民に存することを明に定めるにも拘らず、天皇が、常に、「一全体としての統一」の表現者であることに変化ない、ということを高調して、日本国憲法第一条の定める象徴ということについて論ぜられるのを見ると、或は思う、日本国憲法第一条も帝国憲法第一条、第四条も同様の意味のものと解せられているのではあるまいか。若しそうであるならば、大なる誤解である。和辻教授は、私が、日本国憲法第一条に、主権が国民にある、と定めることにより、「天皇は統治権総攬者でなくなる」、と述べたことに「驚かざるを得ない」といわれる（和辻教授論文五一頁）〔59頁〕。教授は、元来、日本国憲法第一条に「主権の存する日本国民」という場合の主権の概念及びわが国の言葉としての国民の概念をいかにお考になっているのであろうか。主権という言葉の示す概念は一様でないが、右第一条の場合には、統治権を総攬するの力であり、従って統治権の総攬者が主権者である。即ち右第一条によれば、国民が統治権の総攬者であって、天皇が統治権総攬者ではないのである。ここに国民ということについて一言注意する。国民とはわが国の言葉である。英語の people ではない。凡そ言葉は社会的のものであるから、社会の用いる意味に解すべきものであって、このことは法典に用いる場合でも同じである。法典が、初めて用いる言葉でなくて、法典以外に社会に用いられてある言葉を用いる場合には、これを一般に用いられた意味のものとして用いたものと解すべきである。わが国において天皇が国民と呼ばれない、ことは疑なく、殊に天皇のことを国民と関係せしめて考える場合に、天皇が国民と呼ばれないこと勿論である。重ねていうが、わが国の国民は英語の people と同じでない。people はすべて国家を成す人を、それが君主であるかどうかという、身分の如何を問題としないで、一般に指すことがある。これをわが国の国民という言葉と同様に考えるところに、重大な誤があり、時に重大な結果となることは、私が別に指摘してある（拙著『憲法改正断想』九〇頁以下、一八一頁以下参照）。国民が主権者（統治権総攬者）であると規定する法文を解して、それ故に、天皇が主権者（統治権総攬者）でない、とすることに、「驚かざるを得ない」といわれる教授こそ、私をして驚かしめるのである。又、和辻教授は、日本国憲法第一条中の「この地位は、主権の存する日本国民の総意に基く」という規定を引用して、「これは天皇が主権的意思の象徴であることをさえも指示しているのである」といわれる（和辻教授論文五一頁）〔59頁〕。私は不敏にしてこの教授の説明を理解し難い。教授の所謂主権的意思とは何の意か。主権的意思という言葉は従来とてもないのではないが、併し、前に述べた通り、主権の語は多義であり、且、ここでは、日本国憲法第一条が、主権が国民にある、と定めたから、天皇が主権者でなくなる、とする愚見が問題なのであって、その主権を有するとは統治権を総攬する、ということであることは、既に説いた。主権が国民にあるとする立場では、主権が天皇にないとするのが、当然である。それを避けようとすれば、天皇も国民だとか国民の中に含まれるとかいう説明技術を弄せざるを得なくなるのである。これとは別に主権又は主権的という言葉を用いる場合もある。君主国において君主たる或者がその君主たるの地位につくことの根拠たる事実が、その者自身に存するものであって、国民がその地位に置く、という国民の意思に根拠するのでない、という場合にその者は主権的君主であるという（拙著『我が国憲法の独自性』一四五頁以下参照）。この場合の主権というのは、統治権総攬者たる地位（前述の主権という言葉を用いるならば、主権者たるの地位）に就くの根拠をいうのである。この根拠ということを示す言葉として、国家の制度及び国家制度の学では、何々に基く、という。故に、天皇の地位が主権の存する日本国民の総意に基く、というのは、天皇がその地位に在ることが、国民の総意によりその地位に置かれるのである、と解するの外ない。天皇の象徴性というようなことではない。尤も同条のこの地位、という用語について疑問があるが、それは和辻教授の論文と関係ないから、略する。要するに、日本国憲法第一条が、「この地位は、主権の存する日本国民の総意に基く」というのは、国家制度に関する用語の意味に解すべきであるが、それなら、それが、天皇が主権的意志の象徴であることを指示している、という和辻教授の説明は、私にはわからぬ。尚教授は、「博士によると、「主権の存する国民ということは、明かに、統治権の総攬者でない、ということを示すものである」。しかしこの規定において主権の存するのは「国民の全体性」であって国民を形成する個々人ではない。英訳に用いられるpeopleの語は集団としての国民を指していると思われる。従ってこの個所は「日本国民の主権的総意に基く」というのと同じ意味に解してよいであろう。しからば主権を持つとは日本国民の全体意志であって、個々の国民ではないのである」といわれる（和辻教授論文五一頁）〔59頁〕。国民という場合に、個々の国民を指す場合と国民集団を指す場合とあるという位のことは、今更教授の指示に待つまでもない。一般の人もそうであろう。私はよほど前に特にそのことを明示している（拙著『日本憲法要論』五九頁参照）。そうして主権が国民に在るかどうかという問題を取り扱う場合に、その国民なる語が国民集団をいうのであって、個々の国民をいうのでないこと勿論である。そういう前提で私は論じている。かかることを今更詳に教示せられることは、その労に対してただ謝するの外ない。これは、思うに、和辻教授は、天皇が国家に関して象徴であることについて国民の全体性ということを高調せられるからであろう。それで、その全体性という為に、国民が個々の国民のことではなく、国民集団のことである、といわれるのであろう。しかし、それは今問題としていることではない。今問題としていることは国民というのは日本の言葉であり、日本の言葉としては天皇は国民とはいわれぬ、ということなのである。和辻教授が、天皇も日本の言葉として国民だ――英語のpeopleではない――といわれるならば、それまでのことで、それ以上私は何もいうことはない。

以上私は、日本国憲法第一条に定めるところの、天皇が国家及び国民統合の象徴である、ということは、何等意思作用のことを定めたのではなく、統治するという意思作用を定めた帝国憲法第一条、第四条と異なり、何ら法的の意味のないことを述べた。従って国体の問題とは関係がないことを述べた。併し、これについて次のことを注意しなくてはならぬ。（一）それは、天皇が国家又は国民統合の象徴である、ということそのことが正しくない、というのではない。国家について天皇が象徴である、といふて差支ないといふことは前に既に述べた。（二）天皇が象徴である、という場合には、それは如何なる意味での象徴であるかは別に考えなくてはならぬ。天皇が象徴であるというても、和辻教授のいわれる「全体性」なるものの象徴としてのみ考えられるとはいえない。例えば、日本においては天皇が国家的事項について自己の個人的利害、感情に支配されず、私なく行動すること、即ち国家的公正無私性の象徴であるといふてもよい。（三）而もいずれの意味において天皇が象徴である、というて見ても、それ自身には何らの法的の意味はないのである。天皇が或意味において象徴だというて見ても、そのこと自身は、例えば、天皇無答責——勿論法的の意味でいう——ということではない。ただ、象徴であることを法律事実として、法が何等かの効果を附することはあり得る。而もそれは象徴であるということとそのこととは別に、法の定める効果である。かくの如く法的の意味のない象徴ということを法律事実として法が何等かの法的効果を附する場合——象徴であるから、無答責とするというが如き——には、象徴であるということを示すこと（象徴である、といふそのことではない、それを法に示すことである）は、法的の意味をもつ。そうでない場合には、それを示すことには法的の意味はない。故に、私の考によれば、天皇が象徴である、ということとそのことは、日本国憲法に示すの必要はなかったのである。和辻教授は、「もし象徴の概念が在来の法学に欠けているならば、この概念を久しく取り扱って来た哲学から取りこめばよいであろう」と垂示される（和辻教授論文五一頁）〔58頁〕。私は、法学についていうのではない、法の規定についていうのである。法的の意味がない、ということをいうのであって、法学の方法のことについていうのではない。そして、法の規定は或法律事実についての法的の効果を定めるものであって、学問方法論を説明するものではない。和辻教授が、象徴の概念を法学に取りこめばよい、と昂然として教えられることは、法の規定の論としては実は見当外れである。法学で取り込むがよいかは別として、法の規定として法的の意味がない、ということの本義を正確に知っていただけば幸である。私の考では、法文に用いる象徴という言葉従ってその示す概念は、別に哲学というようなことと関係しなくても、素朴に理解されるものとして用いられているのであって、日本国憲法第一条も、そうである。その見地で前にも説明したのである。それでよいと思う（芸術などについて象徴という言葉を以て一の傾向を説明することのあるのは私も多少知っていたが、一般に哲学でそんなに特別重要な観念として取扱われているかどうかは、勿論知るところがなかった。それで、和辻教授が象徴ということを、ひどく重々しく、もったいぶったともいい得る態度で示されたので、私が大に誤っているのではないかと思い、友人の或哲学者に就いて、それが哲学又は哲学史を通じてそれほど意味ある観念として取扱われているかを聴いて見たが、同君は笑をふくんでチョット首をかしげて、別に詳しくは語らなかった。それでも、私は、同君の示唆により哲学における象徴の観念のことを少ししらべて見た。が、それが私の今の法的の問題には関係のないことを知り、私の素朴理解論にも大した誤はないように思った）。和辻教授は、従来とても、天皇の性質を説明せられたことが少くあるまい、と察せられるが、その場合、日本国憲法の規定を見られない時、既に、それほど重要視される哲学上の象徴という概念を用いて説明せられたのであろうか。私は今これを知らない。

第三に、以上述べた、国体が日本国憲法により変更する、という私どもの所見——決して私一人の意見でないことは前にも述べた——に対して、いろいろの点より意見のあることは、それでよい。ところで、国体が変更する、と明に言うことを好まぬ気持が、どこかにある、ように何となく察せられる。何故かは私の知るところではない。憲法審議当時の政府の側の態度もそうであった。この政府の側の態度に呼応するものが政府以外にも見える。それには、国体は変更しない、というか、国体は変更しても尚変らぬものがある、というか、又は、国体というようなものは本来ないのだ、というなど、いろいろの説明方法が考えられている。

国体(わが国において特定の一人が統治権の総攬者である、ということ)が、日本国憲法により変更する、ということは、前に論じ来ったところで明となった。それにも拘らず、国体は変更せぬとするらしい見解があって、それの誤れることも、既に明となった。

統治権の総攬者という面より見た国体は変更しても、精神的の面より見た国体は変更せぬというが如き、又、国体というものはないので政体があるのである、というが如き口吻は、実は、帝国議会において帝国憲法改正審議の際にも、ほの見えた。そんなことでは日本国憲法による国体の変更の問題に答えることとならず、始めよりその問題を避けてそらすことになる。それの不可なることは前に明となったが、次にこれを要約する。わが国では、特定の一人が統治権の総攬者であったのである。それが政治の面より見た国体と呼ばれていた。政体とは呼ばれていない。だから、国民を統治権の総攬者とする日本国憲法により、国体は変更したのである。この見解に対して、精神的面より見た国体は変更せぬとか、国体なるものは存しない、というようなことを述べるのは、政治の様式より見た国体が変更せぬ、とすることとそのことではないにしても、国体は変更する、とする認識を弱め、又は、少くとも不明にするの結果となるであろう。かかる結果を目ざして述べるものがあるならば、その努力のほどは察せられる。併し、事は真直に見るべきである。国体が重大なものであるとしても、変更した以上変更したと、ハッキリさせるべきである。

右のことは和辻教授の学問上の所論についていうのでは勿論ない。ただ、教授が国体というものはないとし、又天皇が象徴であることにおいて古今変りはない、とせられるから、その結果において、世人の国体変更の認識を弱め又は不明ならしめることがないとも限らない。それで、その点から次に一言したい。尤も、国体というものはない、とせられる教授の所説については前に述べたから、ここにくり返さぬ（本論第二、三参照）。それよりも、教授の、天皇が象徴である、ことにおいて古今変りはない、ということを高調せられることについて述べる（和辻教授論文五一頁以下）〔58頁以下〕。

先ず（一）私は、前に述べた如く、天皇が象徴である、ということとそのことを問題とするのではなく、そのこと自身は法的の意味がなく、統治の意思作用を示すのではないとするのだから、天皇が、和辻教授の説かれるが如く、象徴であることに古今変りがあろうがあるまいが、私が、日本国憲法により国体（或特定の一人が統治権を総攬すること）が変更した、という主張には関係ない。教授の説明は全く私の主張と関係ないのである。更に（二）教授は、日本国憲法によれば、日本国民が統治権又は統治権総攬の権を有するのであって、天皇が有せられるのではない、とする私の断定は不可解だとせられる（和辻教授論文五二頁）〔60頁〕。私は、日本国憲法の法理を説いたのである。同法は、明に、主権は国民に存すると定める。統治権を総攬するものが国民であって、天皇でないことは、日本国憲法そのものが定めるのである。これをそのまま述べた私の説明が不可解といわれるならば、何とも説きようがない。国民とはわが国の言葉では、国民であって、天皇はそれに該当しない。これも前に述べた。前にもいうたが、憲法の主権とは統治権を総攬することである（尤も、私が、私の前示論文中、統治権又は統治権総攬の権というたのは、主権の語を統治権そのものと解する人もあるから、私どもの、ここに解する統治権を総攬するの権と、別に又、特に、統治権という文言をも入れたのである）。又（三）教授は、「右の如く、日本国民の象徴としての天皇が日本国民の主権的意思の表現者にほかならぬとすれば、天皇の本質的意義に変りがないのみならず更に統治権総攬という事態においても根本的な変更はないといはなくてはならぬ」といわれる（和辻教授論文五二頁）。教授の論文のこのところに至って、私は、教授の所論の前後矛盾の大なるを感ぜざるを得ない。教授が、天皇が日本国民（国民である、天皇は別である）統合の象徴である、ということに、天皇の主権的意思の表現者を看るとせられることの解説に、私の従わないことは前に述べたからくり返さぬ。教授は、一方において、天皇が統治権総攬者でなくっても、――これは教授自身認められる事態である――天皇の本質的意義に変りはない、とせられるのであるが（和辻教授論文は、或意味においては全篇この趣旨を説かれているものと見てよい。殊に、四八頁以下参照）〔53頁以下〕、その教授が、象徴である、ということに根拠を置いて、天皇の統治権の総攬という事態においても根本的変更はない、といわなくてはならぬ、とせられるのである。それが象徴ということを根拠としてであっても、とにかく、天皇の統治権総攬という事態において変更はないといわれるのである。教授は、本論中前に紹介した通り、「明治以前においては天皇は久しく統治権の総攬者ではなかった」と特に断定し（和辻教授論文四八頁）〔53頁〕、更に、藤原時代においても、天皇以外の人が「統治権を総攬した時代」なるものを示し（和辻教授論文四九頁）〔55頁〕又、明治維新の王政復古を指して、「天皇が国家統治権の総攬者であるということが復興される」ことだとせられる（和辻教授論文四九頁）〔55頁〕。その教授が同一論文の中で、日本国憲法以後においても、「統治権総攬という事態においても根本的変更はない」とせられるのである（和辻教授論文五二頁）〔60頁〕。尤も、変更という文字の上に根本的の文字はあるけれども、その事態の変更ということは同じである。これは、和辻教授が、前に立てられた概念や断定やを、後に至り、その時々の都合により変更せられるのであるから、私どもの学問上の思索の態度とは全くその態度を異にする。実をいうと、教授の立論の本旨を私は解し得ぬのである。更に又、（四）教授は、「しかし右の如く天皇の本質的意義を統治権総攬者ということからひき離して把捉することは、佐々木博士が最初に立てられた国体の概念の区別を無視し、政治の様式より見た国体の概念と精神的観念より見た国体の概念とを混淆することになりはしないであろうか。この混淆は博士によれば問題の正しい解決を不可能ならしめるものである」といわれる（和辻教授論文五二頁）〔60頁〕。これは正に教授の言の通りである。天皇の本質的意義を統治権総攬者ということからひき離して把捉するならば——教授が前にそれを為されていたのである——、政治の様式より見た国体の概念と精神的観念より見た国体の概念とが混淆することになり、問題の解決を不能にするというのが、教授の指摘せられる如く、私の考である。が、併し、私は、天皇の本質的意義を統治権総攬者ということからひき離して、把捉していないのである。教授こそそう把捉していられるように、私には思える。既に述べた如く、教授は、前に、天皇が統治権総攬者でなかった事態なるものを熱心に示されたにも拘らず、今又、その統治権総攬という事態に変更がない、とせられるのである。教授の論理が私にはわからない。然らば、和辻教授が、天皇が統治権総攬者でなかった、と力説せられる時代に在っては、統治権総攬者は、和辻教授の意味では、何人であったのであろうか。解し難くなるのではあるまいか。要するに、和辻教授の説明は、初めは、天皇が統治権総攬者である、という事態に古今変更あることを認め、併し、象徴であることにおいて古今変更ないとせられ、そして、象徴ということの説明の末、統治権総攬という事態においても変更はない、とせられる。天皇が統治権総攬者であっても、なくっても象徴ということに変りがないならば、そのことはそれでよい。象徴というのは統治権総攬という意思作用とは別のことであること、前述の如くであるからである。そうして、国体ということの着眼点を、象徴である、ということに置くとするならば（私自身の考は、そうではなく、統治権の総攬者である、ということに着眼するのであるが）、それならそれでよい。統治権の総攬者でなくなっても国体は変更しない、というてよく、それだけでよさそうに思う。象徴ということを媒介として、天皇の統治権総攬者たる事態に変更はない、などというの必要はないのではあるまいか。尚又、（五）和辻教授は、更に進んで、次の如くいわれる。「この問題に突き当ると共にわたくしは博士が「精神的観念より見た国体の概念」とよばれるものに対する疑問を提起せざるを得ない。この場合には前の場合のように政体の概念で間に合うはずのところを何故強いて「国体」の概念に変えるかという疑問は起らないが、その代り国体の概念の内容そのものが解らなくなるのである。博士はこの概念を、国家について、国家に於ける共同生活に浸透している精神的倫理的の観念という面から見て、如何なる国柄のものであるかという形に言い現わされている。して見るとこれもやはり国家の問題である。国家は政治的構成体であるから、いかに精神的倫理的の観念から見ても、政治の様式と離れることができない。従って我国独特の君臣関係であるとか、忠孝一本の理想であるとかいう如きことが、ここで問題とされる。博士が指していられるのも恐らくこの種の国体の概念であろうと思われる」（和辻教授論文五二頁）〔61頁〕。この立論の独断、論難の的外れであることを、私は大に遺憾とせざるを得ない。わが国の国体という言葉で示される概念に、政治の様式より見た概念の外、精神的観念より見た概念なるものを別つことは、何も独り私の唱えることではなく、一般に考えられているのであり、私自身も今日始めていうのではない（拙著『日本憲法要論』八二頁、拙著『我が国憲法の独自性』一七一頁以下参照）。（例えば、佐藤丑次郎博士『帝国憲法講義』一二頁以下参照。最近の著書を示せば、美濃部博士『新憲法概論』序参照。博士は、国体について、寧ろ、「国粋又は国風ともいうべき我が国に固有な国家の最も重要な歴史的倫理的の特質を指す意味に用いられて居るのが普通である」といわれる。これは博士の以前よりの説明であって、私の賛成せざるところであるが、ただ、私は、「国体」の言葉を、政治の様式の外、精神的観念より見た国柄として、私以外にも用いられていることを示すのである)。そして、和辻教授は、私が、右の精神的観念より見た国柄を、「国家について、国家に於ける共同生活に浸透している精神的倫理的の観念という面から見て、如何なる国柄のものであるか」といい現わすことを評して、これもやはり国家の問題である、とし、更に、「国家は政治的構成体であるから、いかに精神的倫理的観念から見ても、政治の様式と離れることはできない」とせられる。私の、国家における共同生活に関する観念というのは(政治の様式より見るということに対して)、人が一の国家の内に在って行うている共同生活において有する精神的、倫理的の観念である。政治の様式より見るというのは、国家の政治機構より見ることである。見る立場が全く異なる。前の精神的という場合でも国家に在って為される共同生活を見るのであるが、これに関する精神的倫理的の面を見ることは、国家の政治機構を見ることではない。それは一の国家に在って為される共同生活に関することではあるけれども、その共同生活は、必ずしも、われわれが国家を成す立場において為す政治生活に限らず、国家に在って為さるる普通の共同生活をも包含する。われわれが特別の用意を用いないで普通国家というている場合には、政治団体そのものとして、一定の政治機構を有つ状態における生活をいうていることもあり、又、国家という政治団体を成す人の社会生活ではあるけれども、その政治団体としての政治生活でないこともあるのである。これは国家の理論を考える私どもの学問的考察では、その観念上の用意のイロハである。而も、右の後の場合のことを指すものとして、私は、国家における共同生活というて、特に、「於ける」というてある。国家という政治団体としての政治生活ではない。故に、正確なる用語によれば国家の問題ではない（政治機構とか政治生活というのは国家の問題である）。国家の内における共同生活の観念の問題である。勿論、政治の様式と離れることは出来ぬ。例えば、君主国においては君主というものに対する或種の観念を生ずるのであるが、それは国家の政治の様式の問題ではなく、即ち正確には国家の問題ではない。私の、かかる精神的観念より見る国柄というものについて私は、和辻教授が推察せられる通り、忠とか孝とかいう観念はこれに属すると思う。これらの観念は、政治の様式によって影響を受ける。而も政治の様式を見る観念ではないのである。故に、国体の概念としての右の両者は区別すべきものである。和辻教授は、それが国家における共同生活に関する問題である、ということを、政治団体たる国家（国家そのもの）の問題と同一視し、政治の様式と離れないということを、政治の様式そのものと混同されている如くである。国家の内に在る共同生活に関する観念ということは、政治の様式そのものとは別のことである。

天皇が統治権総攬者である、という事態に変更があるかどうかという問題に対しては、変更がある、と答えるか、又は変更がない、と答えるか、いずれか一であるべきである。右の事態なるものは、国家組織の法的構成に徹して一元的に考うべきである。その事態があるというもないというも同一だというような事実ではない。統治権の総攬者である者が変更するかどうか、という問題について、変更するとも考えながら、変更するということを明にすることを好まぬ——その理由は今は問題でない——というような気持をいだく人があるならば、それは私の大に不賛成なことである。そして、その場合、わが国の統治権総攬者という事態に変更があっても、別に変らぬ事態がある、ということを特に示して、それを、統治権総攬ということに関係せしめて、説くことは、私を以てせば、人の理解を混雑に陥れる。これは今度国体変更があったか否かというこ とについて重要な点である。国体の概念を立てること、従ってその変更するか否かを考えること は重要であるが——その重要性は次に説く——併し、国体は変更したのか、しないのか、ハッキリとした観念を社会に与えなくてはならぬ。変更したけれども変更しない、などと世俗をして迷わしめるようなことは禁物である。変更したものは変更したというの外ない。たといそれが政府や世俗のよろこばぬことであっても仕方ない。

第五　国体の概念の重要性

何人が統治権の総攬者であるか、ということ即ち国体という概念を立てることに、私は重要性を認めている。このことを和辻教授は気づかれているのみでなく、私が国体の概念を立てることの重要性を思うことに対して、私の学理構成を非とせらるるに止まらず、私の何等かの思想的傾向をとらえて難ぜられるつもりではあるまいかとも思われる。そのことは後に述べるとして、先ず国体の概念の学理構成上重要なる理由を述べなくてはならぬ。

凡そ国家には統治権の総攬者があって、何人かが統治権の総攬者である。併し、個々の国家において統治権の総攬者である者が何人であるかは、個々の国家それぞれについて見るべきである。そうして、凡そ国家には統治権の総攬者が定まっていることが、国家の存立の最も根本的のものである。故に、国家を認識する場合には、統治権の総攬者ということに着眼し、個々の国家について、その統治権の総攬者が何人であるか、という点に着眼せねばならぬ。これは一般に国家なるもの、及び、特定の国家の性格を認識する為に重要なことである。国体の概念を立てることは国家認識上の一の重要事である（拙著『我が国憲法の独自性』三二〇頁以下参照）。

然れば国体（或人が統治権の総攬者であること）という概念を立てるのは、一般に国家の政治的基本性格というものを明にし、又、個々の国家の政治的基本性格を明にするが為に必要なのである。わが国についていえば、天皇が統治権の総攬者であるということ（即ちわが国体）がわが国の政治的基本性格であったのであるから、それをそれとして認識することが、わが国の政治的基本性格を知る為に重要である。従って、それが変更したときは変更したとして認識することが、又その時のわが国の政治的基本性格を知る為に重要である。この認識は、わが国家の性格を知る上に重要な意味をもつこと、疑ない。然るに、和辻教授は、この変更を軽視して、私がハッキリと国体の変更を指摘することを指して、「非常に重大な問題のように主張」することが、「どうも解らない」といわれる（和辻教授論文四九頁）〔56頁〕。私には、教授が、右のことを国家の性格を知る為に、軽視せられることが、解らない。元来、右の国家の政治的性格を明にすることは、それ自身には、わが国がそういう国体をもつこと、又、それが変更することが、わが国家の生活状態の理想として好ましいかどうか、又は一般に国家の生活状態として善いか悪いか、というような国家生活に関する評価を為すことではない。国家生活に関する性格認識上の問題と国家生活に関する評価の問題とは厳密に区別せなくてはならぬ。この点において和辻教授の所論には混同がありはしないであろうか。教授は、私が、(一) 日本国憲法によれば、天皇が統治権総攬者であるという事実がなくなる、とハッキリと主張することに対して、明治以前にもそうであったと主張せられ、(二) 更に転じて、しかし考えて見ると、前にそういう状態があったからというて、今そうなることが好いとはいえぬし、前の状態が好ましくない状態であったとすれば、今そうなることも好ましくないに相違ない、とし、そこで、統治権総攬者であるということが天皇の意義にとってそれほど中枢的なものであろうか、と疑問を提出される。そして天皇の語原的説明や彼の象徴性論を詳述せられる(和辻教授論文四九頁以下)〔55頁以下〕。(一) の点については、私は、明治以前においても天皇が統治権総攬者であったことを既に述べたから、ここにくり返さぬが(本論文第四、二参照)、(二) の点については、私は教授の見地に賛成し難いのである。教授は、統治権総攬者であることが好ましいとか好ましくないとかいう点より立論せられる。これは、天皇が統治権総攬者であるということに対する評価を問題とされるのである。それは国家の政治性格を認識することではなく、従って、それは、私が、天皇が統治権の総攬者であり、それが日本国憲法により変更する、という主張に対しては、何の批判ともならぬ。それは既に述べたところで明である。こういう教授の所説に徹すれば、教授が、進んで、天皇の意義にとって、統治権総攬者ということが、「中枢的」なものでないとし、中枢的なものとして、全体性の象徴ということを力説せられる場合、教授は、その所謂中枢的であるものが好ましい状態だと、せられるものといわざるを得ぬ。即ち、教授が、天皇について、象徴ということを力説せられるのは、わが国家に「好ましい」状態として、常にそうである、と考えられているのだと、解してよい。そうであるならば、それは国家の政治性格がどうであるか、と国家の状態について客観的の認識を為すの見地ではない。これについて、好ましい、と評価するの見地である。始めより、私の所説と立場が異なる。教授が評価の立場を取られることとそのことは、よろしい。併し、教授の立場と異なる立場を取って、統治権の総攬者であるかどうか、ということの私の認識に対して、好ましいかどうか、と評価する、教授の立場から批判せられることは、見当外れであろう。尤も、私も、天皇が統治権の総攬者であること、従ってそれでなくなる、ということについて、わが国家の生活について、好ましいか好ましくないか、という評価をもたぬのではない。併し、天皇が統治権の総攬者であり、又なくなる、ということは、それ自身では、国家性格の認識である。そのことの評価ではない。両者は区別しなくてはならぬ。私の評価を示せば、天皇が統治権の総攬者である、ということ、即ちわが国の日本国憲法前の国体が好ましい。併し、それは、国体が日本国憲法により変更する、という認識そのものを害するものではない。私は、私の意見によれば評価的には必要とせぬ変更状態でも、別の事由により法的に現実に成立するならば、これに依るべきであり、又、法的に現実に依るべき変更状態であっても、評価的に必要とせぬことがある、ということも理論上あり得ると思う。和辻教授は、私が、国体（天皇が統治権の総攬者であること）が変更の必要なきに拘らず変更するのである、と主張することを特に指摘される（和辻教授論文四六頁）〔50頁〕。全く教授の指摘の通りである。変更の必要ない、とすることは私の評価である。変更する、というのは法的に現実に成立する状態の私の認識である。私は、今後、わが国が平和主義的道義的の国家として前進する為には、天皇への協力機関の徹底的改革の行われるよう憲法改正を為すの必要はあるが、天皇が統治権の総攬者たることをやめるという憲法改正を為すの必要はない、という意見をもっていて、それは夙に発展している（拙著『憲法改正断想』参照）。要するに、国家性格の認識とその評価との混同があってはならぬ。

和辻教授が、前示論文において他の場合におけると同じく、尊皇ということを持ち出されたのは妨げぬ（和辻教授論文五三頁）〔61頁〕。併し、それは実は私の所論には関係がない。即ち、（一）教授は、尊皇の伝統が国家（この場合には、政治団体そのものとしていう）と関係なしに、成立するものであることを説かれる（和辻教授論文五三頁）〔62頁〕。それはそうであるかも知れぬ、そうでないかも知れぬ。併し、そのことは、天皇が従来統治権の総攬者であったし、又、日本国憲法により統治権の総攬者ではなくなる、という私の主張とは全く関係ない。私の問題外のことである。併し、せっかく出された問題であるから、一言して見る。従来、所謂尊皇という思想が、天皇が統治権の総攬者である、ということとの国民観念——意識すると否とは問わない——と全く無関係に成立していたであろうか、又、今後、天皇が統治権の総攬者でない、ということの国民観念がハッキリするに従って（今日はまだハッキリしていない社会の部面もある）、尊皇という思想が従来と変りなく存続するであろうか。少くとも私には疑問がある。若し、所謂尊皇の思想を有する者が、右の疑問を有するからとて、尊皇の思想は、天皇が統治権を総攬するの地位と無関係に成立し存続する、と説かんとするならば、私の考では、それは結局において——目前のことではない——徒労に了るであろう。ただし、この問題は私の問題（天皇が統治権の総攬者でなくなるかどうか、という問題）ではないから、これ以上、論じない。（二）又、教授は、国家と国民の統一とが同じものでないとし、この両者の区別を理解せず、尊皇の伝統を直ちに国家のこととして考えたのが、（二）の意味の国体の概念であるとし、従って国体の概念そのものが混淆の産物である、とせられる（教授論文五三頁参照）〔62頁〕。教授が特に（二）と附記せられた意味の国体とは、私の論文において、ハッキリ、政治の様式より見た国体の概念に対して、これと異なる、精神的観念より見た国体の概念としたものであるから、これこそ、問題の対象そのものにおいて、私の取り扱うたものではない。従って、教授がこれを私に対して説かれたとすれば、的が外れている。併しせっかくの教授の指摘されることであるから、一言して見る。国家（政治団体そのものとしての）と国家において共同生活する国民との区別は前に述べた（本論文第四、三参照）。併し、共同生活体として国民という場合には、或国家において、国家の下に在って一体として、共同生活を為している人間をいう。いずれの国家をも成さずして共同生活を為すものは国民ではない。それはただ血縁共同体とか文化共同体というてよいが、国民という共同体ではない。国民なる共同体は事実上血縁共同体、文化共同体であることもあろう。併し血縁共同体、文化共同体であることとそのことは国民（又は国民としての共同体）であることではない。かく考えて来れば、国民なる共同体が生活している生活地盤たる国家（政治団体そのもの）が如何なる政治の様式のものであるか、ということは、国家において生活する国民の思想にも関係をもつものではあるまいか。従って、その国家の統治権の総攬者であった者が、そうでなくなった場合には、その者を尊むという思想が影響を受けはしないであろうか（勿論長い生活を為している間の、結局のことである）。尤も、これは理論上の論証よりも実際の事実によりハッキリと知られるであろう。わが国についていえば、今後長い間の実際の事実を見るべきである。併し、いずれにしても、この問題は、天皇が日本国憲法により統治権の総攬者でなくなる、とする私の問題ではない。関係はあるにしても別の問題である。（三）更に、教授は、国体の概念には、封建的君臣関係と尊皇思想との混淆がある、ということを説かれる。ここでは、教授は、単に国体の概念とのみいわれ、前の如く（二）の意味の国体の概念とことわられていない。それ故に、それは、一応、私のいう国体の概念を指すものとして取り扱うことが、教授の質疑を受けている私の徳義である。和辻教授は説かれる。「封建的君主は武力によって人民を抑圧し支配したものであって、その人民の統一を象徴するという如き性質は持っていなかった。君臣の道といわれたものは、その主君の配下の数百人或は数千人の武士との関係であって、数万或は数十万の人民とは全然かかわるところがないのである」と（和辻教授論文五三頁）〔62頁〕。これは教授の所説の通りである。教授は、更に、「そういう主従君臣の関係を「日本国民統合の象徴」たる天皇に強いて結びつけ、国民的統一の自覚である尊皇思想を封建的忠君思想によってすりかえるということが、国体の概念の基調をなしている。これは実に多くの害悪を生み出した考え方である」といわれる。更に、「勿論それは一つの時代に独裁的権力者が有力な武器として用いた概念であり、従って歴史的には重大な概念である。しかしわれわれがそれを用いてものを考えるべきではない」といわれる（和辻教授論文五三頁）〔62頁〕。この所説にも、その中の一の論断（次に明となる）を除いては、私は同意見である。徳川封建時代には、それぞれの封建諸侯の領土内の問題として見ても、諸侯と一部の領民（臣といわれる）の間の外、一般領民との間には忠君の思想は存しなかった。況して天皇と一般国民との間には、忠君の思想などは存しなかった。そこで、明治維新となって、天皇の幕府への大政委任が廃止され、天皇の親政となった際、為政者その他の指導者が、一般国民の天皇に対する思想的の連結を工夫するの必要を考慮し、封建諸侯とその一部領民との間に存していた君臣に似た思想を確立せしめんとした。ところで、徳川幕府時代に、一般国民の間に、和辻教授の高調せられる如き、前述の忠君思想とは異なるところの、「日本国民統合の象徴の自覚である」という意味の尊皇思想というようなものがあったであろうか。あったとすれば、維新時代の指導者は、封建諸侯の場合の忠君思想はなくなったのだが、それと同じような結果を一般国民の間に（一部の国民にではなく）生ぜしめる為に、従来から存する尊皇思想を活用することが、国家的統一（封建諸侯がなくなった後は、日本国全般に亙って封建諸侯の領地において存したと同様の統一）をもたらす道だと考えたのではあるまいか。若し、これと異なりそんな尊皇思想はなかったとすれば、指導者は、従来なかった尊皇思想（一部領民ではなく、一般国民の忠君思想）を起すことが、やはり国家的統一をもたらす道だ、と、考えたのではあるまいか。右の場合指導者の着眼したことは、国家的統一の為に、一部国民ではなく（封建諸侯の場合の一部領民たる臣ではなく）、一般国民の天皇に対する思想的の連結を為す、ということであったと考えられないであろうか。かく考える場合には、尊皇といい、忠君といい、その観念の内容は同一であって、ただ天皇に対すると封建諸侯に対するとの差異であったのではあるまいか。そして、その一部の国民との関係ではなく、一般国民との関係を考えたということは、私の見るところによれば、帝国憲法の用いた臣民という言葉でよくわかる。帝国憲法に臣民といったのは、従来の臣（天皇に対する奉仕者）と一般国民との区別の観念を撤廃し、両者を含んで、それを示す言葉として臣民というたのである。臣民とは臣及び民という、二つの概念を示すのではない。臣民という一つの概念である。国民というのと同じである。そうであるならば教授が、為政者その他の指導者が国民的統一の自覚である尊皇思想（政治的の意味でない尊皇思想）を封建的忠君思想（政治的の意味である忠君思想）によってすりかえる、などといいきってしまわれることは、当を得ていないように思う。又、かりにそうであるとしても、そういうことが、国体の概念の基調をなしている、というのは独断である。指導者がそういう尊皇思想を利用したということはいうてよい。併し、それは学理構成上国体（法により天皇が統治権の総攬者であると定まれること）なる概念を立てることの根拠などというべきものではない。ただ為政者たちが国体なる概念を自己の実際政治の為に利用したに止まる。それに依り、国体という概念を立てる基調などというべきものではない。国体の概念を立てる基調は、「国家の統治権の総攬者が何人たるかを認識すること」、「これを認識することが国家の性格を知るが為に重要だ」ということである。国体の概念を立てることは、国家的統一の為とか尊皇思想鼓吹の為とかいうこととは全く関係ないのである。又、教授が、それは一つの時代に独裁的権力者が有力なる武器として用いた概念である、といわれることが、或時代には、独裁的権力者が国体という概念を悪用して、その行動の武器としたことがある、というの意味ならば、そういう事実はある。それは、併し、国家の政治性格を認識する学理上の考察において国体（わが国では天皇が統治権の総攬者であること）という概念を立てることを否定する理由とはならぬ。和辻教授は、前に示した如く、「これは実に多くの害悪を生み出した考え方である」とせられる。或者が国体の概念を悪用して害悪を生み出したことは、既に述べた如くである。併し、国家の性格を認識して国体の概念を立てることとそのことについては、害悪を生み出すというような問題はない。その概念を立てることの学問理論上の当否という問題は勿論ある。それがよしんば学問理論上当を得ないとしても、それは、学問の理論を誤っている、ということである。そのこと自身は害悪を生み出すというような問題ではない。ここにも教授の所説の論理的正確性が疑われる。和辻教授は、更に、「しかしわれわれがそれを用いてものを考うべきではない」とせられる（和辻教授論文五三頁）〔62頁〕。教授の所謂「それを用いてものを考える」という言葉も私よりせば意味不明瞭であるが、今は国家性格の認識としての国体の概念の問題であるから、教授の意は、学理上の考察において国体の概念を用うるべきでない、との意であるであろう。そうすれば、それの誤れることは右に述べた如くである。かくて、教授は、私が、「なお依然として国体の概念を用いることは理解し難いこととなる」とせられる（和辻教授論文五三頁）〔62頁〕。私よりせば、前述の如く、国体の概念を用いることを理解し難い、とせられることが理解し難いのである。思うに、象徴性とか、その全体性とかいうことは、和辻教授の説かれるものとは関係なくても、誰かにより説かれることもあるであろう。これを聴く側において相当注意しないと、わかったようでわからないこととなる。例えば、わが国にナチス的政治傾向の流行する時代には、その独裁的態度の思想的裏附ともなりかねないし、又、民主的傾向の流行する時代には、その大衆的態度の思想的裏附ともなり得るであろう。その説明の技能の如何により、政治的に反対のものである両傾向について、均しく裏附となり得るような、いわば融通のきくものである。正しい法学ではかかる融通のきく説明を喜ばない。

結び　答の要点

日本国憲法により国体が変更する、とする私の所説に対して、和辻教授が質疑の形において教示せられるところは、要するに、私の右の結論に関するもの及びその結論を為すに至る方法論に関するものの両者に分たれる。

結論に関しては、教授は、(一) 国体という概念を立てる必要のないことを教示され、(二) 猶且国体の概念を用いるか、とダメをおされる(和辻教授論文四四頁以下、五三頁)〔47頁以下62頁〕。これに対して、本論において、私は、(一) 国家の政治的性格の認識の方法として国体の概念を立てるの必要あること、及び、(二) その故に、依然として国体の概念を用いることを、お答したのである。

方法論に関しては、和辻教授は、(一) 先ず、私がいくつかの概念を自明のことのように用いている、と総括的に問難せられ(和辻教授論文四六頁)〔50頁〕、(二) 次に、種々の事項について私の所見を問難せられる(和辻教授論文全般)。これに対して、本論において、私は、(一) 自明のものとして、即ち学理上の検討を加えずして、概念を用いるようなことは私はしていないこと、及び、(二) ただ、教授が示された事項の中、私の前示の論文では、特に説明を加えるの必要を見ないので前提として立論したものや、又、私の問題と関係のないものやがあるので、そのことを、本論において、お答したのである。

凡そ一の問題について学問的に考察する場合には、先ず問題の考察の見地を定め、次で問題の考察の論点を明にすることが、最も必要である。見地の混同、論点の錯雑があるならば、いかに多くの事項について、又、いかに巧妙に、述べて見ても、正しい解答は出来るものではない。この学問的考察に関する態度の必要は、私の常に感じていることであるが、今回和辻教授の所説に接して更にその感を深めた。私は、教授の問難に対して教授の労を謝する。が、それが「日本国憲法により国体は変更する」という私の主張に関するものとして見られる限り、私はそこに一貫した論理を会得することが出来なかった。これは、私の論理能力の弱いためであろう。教授の論文においては、教授が、私の論理の欠点とせられるものを指摘されると共に、私の弱い論理能力を鞭撻されるつもりと思われるものが、その論文の全体の調子及び個々の文句に現われているので、私は、大に反省して見た。そして、お答する前に、再三くり返して教授の論文を読んだ。教授のいつもながらの才筆に、自分に矢をむけられているということを忘れて、魅せられた。而も、その矢が遂に中らぬ、と、弱いながらも私の論理能力が私をはげますので、このお答の論稿に着手した。併し、私ども――私一人だけではない――用いる国体の概念について、「曖昧な国体の概念」と、事もなげに、却けられる和辻教授（和辻教授論文四六頁）〔51頁〕、「国体の概念は、ものを精密に考えようとしない人々によって作られた」と、私どもの思考態度を見下げられる和辻教授（和辻教授論文五三頁）〔62頁〕よりせば、本論も、「ものを精密に考えようとしない」私が、「曖昧な概念」を用いるものと嘲笑されるかも知れぬ。私のお答には、尚幾多の不備の点があるであろうとは、私自身も恐れている。

和辻博士再論読後の感

一

この一篇は、和辻博士が雑誌「表現」において「国体変更論についての佐々木博士の教示をよむ」と題して発表せられ、次で博士の論文集『国民統合の象徴』中「佐々木博士の教示について」と題して発表せられた一文を読んだ際に得た感じを、感じたまま、雑然とかきならべたものである。私の前示「国体の問題の諸論点――和辻教授に答う――」(以下、拙初論と称する)の一文は、もともと、和辻博士の「国体変更論について佐々木博士の教を乞う」(以下、和辻博士初論と称する)を以てする私への問教にお答したのであるから、私としては、それで、博士が問題とせられた私の論文「国体は変更する」(以下、問題論文と称する)における鄙見に関する限りにおいては、和辻博士と私との間の論議はすんだものと考えていた。ところが、昨二十三年の何時頃であったか――正確には覚えないが、夏から秋にかけてのことであったろう――或日『表現』という雑誌が突如私のもとに舞いこんで来た。何人が送ってくれたのか、わからない。いぶかりながら、開けて見ると、和辻博士の「国体変更論についての佐々木博士の教示をよむ」という論文がのっている(以下、和辻博士再論と称する)。なるほどこれだなと、雑誌の舞いこんだわけもわかって、読んだ。勿論読後感はあった。けれども、私の問題としている所見に関する限りでは、別に新しい論点を見出さなかった。それで、学問的には、かさねて何か書くという興味も起らなかった。又、書けば自然既に公にしてあるものとも重複して、読者にもめいわくをかけることともなろう、こう考えて、そのままにしていた。ところが、昨二十三年十一月和辻博士は論文集『国民統合の象徴』を公にせられ、その中に、前示「佐々木博士の教示について」が収められてある(以下、この論文集を、和辻博士著書と称する)。それで、私も亦右の読後感を示すことが、和辻博士の再論を読む一般人にとっても意味があろう、と思うに至ったのである。

先ず次の感想を述べたい。和辻博士が前示再論中、あの私の答が何等かの点で博士の参考となった、という趣旨のことを明に示されているので、私は、軽い意味ではあるが光栄を感じ、又頗るうれしく思う。視野の狭いことを自ら恥じている法学徒の私の所説が、常に広い視野に立って事物を考究せられている哲学者の和辻博士の思索過程において、いかなる点においてでも意味あるものとして取扱われたことを知ったからである。又、私は、和辻博士の初論「国体変更論について佐々木博士の教を乞う」により、鄙見に対する、私自身これまで思いつかなかった、論難に注意するの機会を与えられた。これは学徒の幸福であった。私は感謝していた。ただ当時私は博士へ私の答を明にすることとそのことに気をとられて、私の謝意を述べることを忘れていた。これはたしかに不用意であった。今博士の再論中、博士が、私の答に対して、特に謝意を表して下さったのを見て、私は、心中、私が右に述べた如く不用意であったことを恥じる。尤も、ここで一言明にしておきたいことがある。私が雑誌「季刊法律学」で、和辻博士に答える初論を発表したいきさつは、私が同誌で述べておいた如くであるが、（本書二〇七頁）〔129頁〕、博士の再論によれば、博士は、博士の初論原稿を「世界」編集者へ渡された時、なるべく、これに対する私の答を博士の初論と同時に掲載すべきことの条件を附せられたとのことである。これは、博士と編集者との交渉のことであるから、私の知らない事実であるが、和辻博士が、「で編集者は直ちに原稿の写しを作って博士の許に届け、同時に博士の執筆をも依頼したのである」といわれてあるのは、少し錯誤がありはしないかと思う。私のお答初論にもかいてある通り、私を訪うて執筆を依頼した岩波書店の甲氏（同氏は私の以前からの知合であったが、当時「世界」の編集者であったかどうか知らぬ）が、私に向て、「同時に執筆」を依頼しはしなかった。尤も「同時に執筆」を依頼せられても私は到底それに応ずることは出来なかったであろうことは、いうまでもない（和辻博士再論、著書一二三頁乃至一二五頁参照）。

和辻博士の初論を読んだ時、これを「法律学的論文」（博士の再論における用語）として見てその不備を指摘する、というような考は、私は少しも持っていなかった。ただ、わが国の国体の日本国憲法による変更の問題を考える場合には、それが法律学的の見地よりも見られるべきものであることを明にしたいのであった。だから、和辻博士が、日本国憲法によりわが国の国体が変更したかどうか、を考えられることについても、法律学的の見地より見てもらいたい、という気持はあった。併し、そのことは、博士の論文を「法律学的論文」として見たことではない。ただ、日本国憲法による国体の変更というような問題については、それをいかなる見地より見るも自由だが、それと同時に、法的の見地よりも見ることを要する、ということを説いたまでである。尚、私は、国体の概念や主権の概念や、国民の概念については、私は私の和辻博士へのお答の初論以外別に説明してあるので、私の初論文では、必要な程度以上には、これを前提として書いたから、和辻博士がこれをも参照して下さったならば、博士の疑問はなくなったか、又は他の形に変ったであろうと述べたが（拙初論四頁、本書二一二頁）〔133頁〕、博士は、この私の無遠慮な言を肯定せられたので、私は博士の宏量に敬服した。尤も、博士は、「しかし博士（筆者のこと）の国体変更論の読者は必ずしも博士の著作の読者ばかりではないであろうし、従ってわたくしと同じような疑念を抱いた人がほかにもあったであろうことは依然として認めて置かなくてはならぬ。従ってわたくしの疑念の開陳が必ずしも無駄であったとは思わない」と述べられる（和辻博士再論、著書一二七頁、一二八頁参照）〔65頁〕。これは全く博士所説の通りである。その所説が一般人にとって無駄でなかったのみでなく、私自身も博士の所説により学問的反省の機会を与えられたのである。併し、私は、このことを一般の読者に対して望んだのではない。一学者が他の「一学者の特定の問題に関する学問上の著作を論評する場合」の「学問の態度として」望んだのである（拙初論四頁、本書二一二頁）〔133頁〕。私は、和辻博士が、その学問上の見地において、私の学問上の見地においてする意見を論評せられるものとして、私の希望を述べたのである。博士の如き学者が私の学者としての意見に対して論評せられたのであるから、これを望んだのである。学者以外の一般の読者に対しては、私もかかる態度を望むのではない。それにしても、今私の初論中の言葉をくり返して読んで見ると、少し無遠慮に過ぎたことを感ずる。お許しを請う。

二

和辻博士が、国体の概念を政体の概念から区別して立てることを無理とせられる主張をなされることは、やむを得ぬ。それこそ意見の相違というの外ない。博士のこの主張は、再論でも、初論におけると言葉の運びは違うが、同一の意がくり返されている（和辻博士再論、著書一二九頁乃至一三七頁）〔66～70頁〕。この問題については、私の博士の初論に答えた論文「国体の問題の諸論点」で、十分に鄙見を明にしてあるから、ここにくり返さぬ。ただ、国体という言葉で示す概念そのものと、その概念を示す国体という言葉との区別については、重ねて一言しておくの必要を感ずる。

一の国家の統治権――日本国憲法の言葉でいうと国権――が何人によりて総攬せられるか、ということと、統治権の総攬者――日本国憲法の言葉では国権を有する者――がその統治権をいかなる方法で行うか、ということとは、二つの別々のことであるから、国家の政治的の形体には、統治権が何人により総攬せられるか、という点から見る形体と、統治権の総攬者がいかなる方法で、統治権を行うか、という点から見る形体とが考えられる。統治権が何人により総攬せられるか、という点から見る国家の形体、ということは一つの概念であり、統治権の総攬者がいかなる方法で統治権を行うか、という点から見る国家の形体、ということも亦、一つの概念である。均しく政治的の面より国家の形体を見る場合の概念であるが、その内容を異にするところの、二つの概念である。その概念を呼ぶ言葉として、前者を国体といい、後者を政体という。国体といい、政体というのは、或概念を呼ぶ言葉、即ち概念の呼称である。故に、国体、政体の概念は国家の形体について考えている内容であり、国体、政体という言葉は右の概念を取扱う場合の呼称である。同じく国家の形体に関するものだが、国体、政体という言葉と、この言葉の示す概念そのものとの区別を忘れてはならぬ。そして、国体が変更した、というのは、国体の概念に該当する事実が変更したこと、詳しくいえば、統治権を総攬すると定められている者が、変更したこと——日本国憲法以前には、天皇がその者であったが、日本国憲法により、国民がその者となったこと——である。即ち、統治権を総攬する者が変更した、ということそのことである。これは、何人が統治権を総攬するか、という点より見る国家の形体が変更したのであること、疑ない。この場合、そういう点より見る国家の形体ということを何という言葉で呼ぶかという問題は、そういう形体そのものを考えることには何の関係もない。そういう形体ということを考うべきであるとすれば、国家の形体についてそういう一の概念が立てられるのである。そしてそういう概念を示すために一定の呼称を用いることが、学問上又実際上必要である。その呼称として国体という言葉が一般に用いられているので、私もこれに従っているのである。故に、国体について、その概念の問題とは、国体という言葉で示される事項、即ち思惟せられる内容が、何であるか、ということであって、国体について、言葉の問題とは、国体という言葉が、右の如く示される事項、思惟せられる内容を示す言葉として適当であるか、ということである。故に、何人でも、苟くも、何人が統治権を総攬するか、という点より見る国家の形体、ということを考える以上は、それを一つの概念として立てるのであって、その人がそれを国体という言葉で示すことを欲しないとしても、右の概念そのものは、これを認めているのである。だから、国体については、国体とはいかなるものであるかという、国体の概念そのものと、そのものを国体という言葉で示すこと即ち言葉の問題と、この両者の区別がある。前者については、国体の概念を立てることの当否の問題があり、後者については、その概念を国体という言葉で示すことの当否の問題がある。前者は概念構成の当否が問題であり、後者は用語の当否が問題である。

　この、国体という概念構成の当否の問題と、国体という用語の当否の問題との区別は、しばしば混同せられるが、私の感じを卒直にいうことを許されるならば、和辻博士の所説においてすらも、右の混同が感ぜられる。それは、博士の初論文において既にそうであった。それで、私は、博士は、私や一般世間が、国体という言葉で呼称している国家の形体そのものを認められるが、ただ、これを国体と呼ばないで政体と呼ばれるものの如く思われるので、それならば、「言葉の問題である」と述べた（拙初論、本書二二二頁参照）〔142頁〕。言葉の問題というのは、右の概念を国体という言葉で示すことについての、用語上の当否に関する問題である、というの義である。右の概念を立てることとそのことの当否の問題ではない、というの義である。ところが、和辻博士は、再論において、私が「言葉の問題である」と述べた文句を取上げて次の如く述べられる。即ち、博士は、私が、「政治の様式より見た国体の概念」と「精神的観念より見た国体の概念」とを厳密に区別し、両者の混同を警しめることについて、「国体の概念が不明確だからではなくして、実に明瞭極まるこの概念を国体と呼ぶが故なのである。即ち国体という言葉の問題である。国体の語によってこの概念を現わすが故に、右の如き混同の危険を絶えず警戒していなくてはならないのである。それならば、この概念が重要であればあるほど、そういう混同の恐れのない言葉でそれを呼ぶべきではなかろうか。しかもその混同の恐れがないということは、同時に、どの国家についても摩擦なしに適用することができるという効果を伴っている。政体という言葉がちょうどそういう役目をつとめるのである」といわれる（和辻博士再論、著書一三二頁以下）〔68頁〕。この博士の所説に接して得た私の感じは次の如くである。

先ず、私の博士に答えた論文において、「言葉の問題である」という文句の意味が、私の用いた意味に理解せられていないようである、前に述べた如く、「何人が統治権を総攬するか、という点より見る国家の形体」という一つの概念を立てる立場をとるならば、その形体のことを国体と呼ぶか他の語で呼ぶかは、言葉の用い方の問題である。即ち言葉の問題である。そういう一つの概念を立てるかどうかという問題ではない。即ち、何人が統治権を総攬するかという点より見る国家の形体という概念を呼ぶものとして、国体という言葉を用いるか、外の言葉を用いるか、という意味で、言葉の問題であるのである。つまり用語法の問題である。ところが、和辻博士は、私が――私には限らぬ――国体という言葉を用いる場合に、政治の様式より見る国家の形体に関する概念を示す場合と、精神的概念より見る国家の形体に関する概念を示す場合とがあるから、厳密に両者を区別してかからねばならぬ、と述べたことを取上げて次の如く難ぜられる。即ち和辻博士によれば、前示の如く、右の両者の混同を生ずるのは、政治の様式より見た国家の形体に関する概念を国体と呼ぶからである、即ち国体という言葉の問題である、とせられる。これは右に述べた如く、この場合、私が言葉の問題、という文句の意味を私のいう意味に理解せられないのである。私は、政治的及び精神的の両面より、別々に見る国家の形体に関する両概念を、同じく国体と呼称することの適否ということを問題としたのではない。政治的の面という一面より見る国家の形体の中の一の形体について、それを国体とよぶがよいかどうか、を言葉の問題であるとしたのである、即ち、私は、右の政治的及び精神的の両方面より見る国家の形体の両概念を、国体という同一の言葉でよぶことの適否をいうたのではないが、併し、世間では、両者を同じく国体と呼ぶの例があるから、私は、この用語としての事実を認めておいて、同じ言葉で示されるけれども、同一の概念を示すのではなく、二つの概念を示すのである、ということを明にしたまでである。両概念を別々の言葉で示すならば、右の混同の虞を減ずるであろう。これは和辻博士のいわれる通りである。私も全くそう思う。されば同一の言葉で示されることにより、両概念の混同を来さぬように注意するのであった。併し、そのことから生ずることは、国体という同一語を、政治の様式より見る国家の形体という概念、及び、精神的観念より見る国家の形体という概念、の両者を示すものとして用いるのが不適当だ、ということである。単にそれだけのことである。併し、その故に、直に、国体の語を政治の様式より見る国家の形体という概念を示すものとして用いてはならぬ、ということは出て来ない。精神的観念より見る国家の形体という概念を示すものとしても、国体の語を用いてはならぬ、といえるかも知れない。甲、乙二つのものを示す語として、或同一語を用いることは、甲、乙が二つのものであることを忘れしめるから、さけるべきであるとしても、単にそのことから当然に、甲又は乙の何れかを示すものとしてのみ、その語を用いるべきだ、ということをいい得るものではない。その語が、甲又は乙の何れを示すに適するかについては、甲、乙両者を示すものとして、その同一語を用いることが、両者の混同を来す、ということとそのこととからは、何とも判定し得るものでない。故に、政治の様式より見る国家の形体の概念と、精神的観念より見る国家の形体の概念との混同をさけることのために、両者を国体という同一語により示すことをやめるとしても、当然に、政治の様式より見る国家の形体という概念を示すものとして国体の語を用いることを、やめるべきだ、という断定には導かれない。単に用語だけからいうと、国体の体は、国家という集団を見て、その一体として活動する姿を示すにふさわしいが、精神的状況より見るその姿を示すにはふさわしくない。故に、両者の混同をさけるために、国体の用語を、何れか一の概念のみに限るとするならば、精神的状況より見る国家の姿という概念を示すものとしては、寧ろ国体の語を用いないがよいともいい得る。これには、例えば、国格、国性、国風などいう言葉がふさわしいともいえる。だから、両者の混同をさけるために、国体の語を何れか一方に限るとするも、精神的観念より見る国家の形体という概念のみに用い、政治の様式より見る国家の形体の概念には用いない、がよい、という結論は直に生じない。右の用語に関する和辻博士の断定には一の飛躍があるのではあるまいか。更に根本的に用語法について考えると、甲乙別々の立場から見て、別々の概念を得るとき、その別々の概念を同一の言葉で呼ぶことは、実は国家の形体に関する概念のみに限らないで、多くの他のものについてもある。その最も手近の一例を示そう。人格という言葉がある。これは、倫理的、道徳的、哲学的の或概念を示すものとして用いられる。ところが、この人格という言葉は、又法的の或概念を示すものとしても用いられる。そして、この両概念を混同してはならぬことは、常に注意せられている。かく別々の概念を同一の言葉で呼ぶことは適当でなく、別々の言葉で呼ぶことが適当であるかもしれぬ。しかし、その故に、同一の言葉で右の両概念を示す今日、特に人格という言葉を、倫理的の概念のみ又は法的の概念のみに限る、とせねばならぬ、という必要があるであろうか。或概念を示す称呼としての言葉は、単にそれだけで概念そのものを示す、ことの出来るものでない。言葉だけでこれを示そうとすれば、概念そのものを説く言葉——ここの問題では、「何人が統治権の総攬者であるかという点より見る国家の形体」という言葉——を用いるの外ない。併し、それを取扱う場合、常に、右のような言葉を用いることは、不便至極だから、その概念を示す称呼——この場合国体という称呼——を用いるのである。その称呼——概念のものではない——は、いわば一の約束である。同一の称呼で別々の概念をよんでいることがあれば、そのことを注意して、その称呼を用いればよい。尤も、これは、概念そのものが何であるか、ということを問題とする場合についていう。その概念を呼ぶに如何なる呼称を以てするがよいか、ということを問題とする場合は、別である。かかる意味で、国体の概念とその概念を示す言葉とを混同してはならぬのである。

　卒直にいうこと、を許されたい。和辻博士は、「何人が統治権の総攬者であるかという点より見る国家の形体」という一つの概念を立てることに対して、その概念を「曖昧な国体の概念」とさえいわれ、その概念を立てる人を「ものを精密に考えようとしない人」と評せられている（和辻博士初論、著書九七頁、一二〇頁。拙初論五〇頁、本書二九四頁以下）〔62、84～85、202頁〕。これは博士が、国体の概念を立てることとそのことを難ぜられるのである。その博士が、再論においては、私が、政治の様式より見る国家の形体と、精神的観念より見る国家の形体との区別を為すべきことを注意することに対して、それは「国体の概念が不明確だからではなくして、実に明確極まるこの概念を国体の概念と呼ぶが故なのである」といわれる（和辻博士著書一三三頁）〔68頁〕。ここでは、博士は、国体の概念は不明確ではなく、明確——しかも明確極まる——とせられる。これは、博士が国体という概念を立てることとそのことを難ぜられるのではない。初論文では、「曖昧な国体の概念」、といわれた国体の概念を、再論では「明確極まるこの概念」といわれる。私は博士の所論を読んで、一体、博士は、「何人が統治権の総攬者であるか、という点より見る国家の形体」という一つの概念を立てることとそのことを非とせられるのか、そういう一つの概念を立てることはよいが、これを国体と呼称することを非とせられるのか、わからぬ。いずれとしても、私の所説に関する限り、私は、国体という概念を立てることとそのことの適当であることを説いたのであって、その概念を国体と呼ぶことが適当であることを説いたのではない。この呼称の適当であるかどうかは私の問題でない。和辻博士が、国体の概念について、前述の如く、初論で「曖昧な国体の概念」といわれ、再論で、「明確極まるこの概念」といわれる、説明こそ、私には、曖昧のようにひびく。

三

私の国体の概念とするものが国体という言葉で呼ばれることが適当であるかどうかは、私の問題でないことを、私は右に述べた。それにも拘らず私は、私の国体の概念とするもの（何人が統治権の総攬者であるかという点より見る国家の形体）を、国体という言葉でよんだ。それは、国体とよばれる国家の一の形体の概念を立てること及びそれを国体とよぶことが、私一己の学説を説明する方法として適当であるから、したのではなく、今日、一般社会において、そういう国家の一つの形体を観念し、その観念しているものを国体という言葉で表現しているからである。尤も一般社会が観念しているというても、それはそういうことを正確に意識しているのではない。さればこそ、一般社会が国体という言葉の下に観念する国家の形体を、正確に考察して見るの必要があるのであって、その考察の結果得るものが、国体の概念である。このことは、博士が問題とせられた私の最初の論文中にも一言した（問題論文「国体は変更する」第二、一参照）。尚そのことや、その用語例については、私は前に別の機会でも、述べてある（拙著『我が国憲法の独自性』一七六頁、一六七頁以下）。故に、これについて博士が再論「佐々木博士の教示について」で述べられているところについては、ここにこれをくり返さない。読者が、右の、私の既に述べているところを参照せられることを望むに止める。それにしても、次の二点については一言せざるを得ない。

第一は、和辻博士が、私の前掲の書中に示した右の用語例に関して、「博士が自説に都合のよいように解釈された用例でも」という言葉を用いられていることである（和辻博士再論、著書一三六頁）〔69頁〕。私は、私の引用した用語の解釈を誤っていることがないとは限らぬ。併し、「自説に都合のよいように解釈する」というようなことは絶対にしていない。学者が、学問上の論議において、対手が、その自説に関して引用する第三者の所説や法文などについてなす解釈を見て、解釈を誤っている、と評することは勿論差支ない。併し、これを目して、対手が、自説に都合のよいように解釈する、というように評することは、私の学者的意識によれば容易に為さるべきでない。何故なれば、それは、単に、他人の学説を誤れりとすることではなく、その学者としての品格について云々することであるからである。凡そ他人の所説や文言を自説に都合のよいように解釈する、という学者があるならば、その学風の品格は下劣というの外ない。併し、一般の論は今別とし、和辻博士の批評せられた私の引用に関して、私が、私の自説に都合のよいように解釈した、というようなことは、断じてないのである。解釈の誤りは或はないとは限らない。

第二は、私が、国体の概念を明にしようとする場合に、法制において国体の語を用いるものがあるならば、これが如何なる概念を指すものであるかを、考えるべきである、としたことであるという法律であった。故に、国体の概念を明にするは、この法律が、国体という言葉を以て、いかなる概念を示すかを考えなくてはならぬ。この法律で国体というのは、何人が国家統治権の総攬者であるか、という点より見る国家の形体のことであった。これは、実際にこの法律の適用が問題となる事実が起った時、時の大審院においても下された解釈である。この治安維持法のことは、私の最初の論文「国体は変更する」では、示す必要を感じなかったので説かなかったが、この私の論文に対する和辻博士の問責に答える場合には、これを説く必要を感じたので、私の「国体の問題の諸論点」ではこれを説いた。国体の概念を明にするに当り、右の治安維持法にいわゆる国体がいかなる概念のものであるかを考えるべきだ、という点については、論議の余地はあるまい、と考えたのであるが、この私の考についても、和辻博士はその再論で、注意すべき三つのことを示して、私の考を非とせられ、又は、少くとも消極的の気持で批評せられている。そうして、その所説は、博士の初論の中には見なかったもの、従て私の答たる初論の中には論及していない点であるから、私は、これを、鄙見に対する博士の新な論難として取上げなくてはならない。

（拙初論、本書二二六頁）〔145頁〕。そういう法制があった。それは、治安維持法——終戦後廃止せられた——と

一に、和辻博士は、「そういう混同や曖昧さが従来の一般社会や法制などにおける国体の語の用法のうちにあったとすれば、そういう言葉を法律のなかに導入することに対して極力反対することこそ法律学者の任務であったのではなかろうか」といわれる（和辻博士再論、著書一三六頁）〔69頁〕。これは、治安維持法に国体の語を用いたことに対して極力反対するのが、法律学者の任務であった、と法律学者を詰責せられたのである。（一）私は、国体の概念について、政治の様式より見ていう国体と、精神的観念より見ていう国体との、混同をさける必要あることを述べた。併し、そういう混同の生ずるのは国体の語が法制に用いられているからではない。一般社会の観念において、同一の語が二つの概念を示すものとして用いられているからである。治安維持法の存在していなかった時から右の混同の虞は存していたのである。故に、右の混同をさけることとそのことのために、法律学者は治安維持法がそういう言葉を用いることに反対すべきだ、というような考は見当外れである。（二）且、凡そ法（成文法のこと）において、一般社会においても用いられている言葉を用いて、或概念を示すときは、その法の解釈を為す場合には、その用いる言葉は、一般社会がその言葉で理解するものを示すものと解すべきである。治安維持法の用いる国体という言葉は同法以外に一般社会がその言葉の下に理解する概念を示すものに外ならぬ。国体の概念を立てる場合に、同法の用いる国体という言葉を無視してはならぬ、ということは、同法が、一般社会の観念と無関係に、国体の言葉で示すところの、概念があるからではなく、同法が一般社会の観念によっているからである。同法によりて初めて国体の概念が出来たのではない。これは、凡そ成文法の用いる言葉は、特別の理由のない限り、一般社会が同一の言葉により示す概念を示すものとして理解すべきである、という成文法解釈の方法の根本原則であって、私どもの常に前提としていることであるが、この点については、私の近著『日本国憲法論』の中に一言してある（拙著『日本国憲法論』一三八頁、『改訂日本国憲法論』一二七頁）。（三）故に国体の言葉が、政治の様式より見る国家の形体、及び、精神的観念より見る国家の形体、の両概念を示すものとして用いられ、従て、両者の混同をさけることを注意すべきであるといっても、そのことから、右の混同をさけるために、法制においてその言葉を用いるべきでない、ということにはならぬ。それは、ただ、一般社会観念そのものにおいて、右の両概念を同一の言葉で示し、両概念の混同を来さしめることをしてはならぬ、といい得るばかりである。且又、一般社会観念上の言葉の問題として考えるとき、国体という言葉が、政治の様式より見る国家の形体という概念、又は、精神的観念より見る国家の形体という概念、の何れを示すに適当であるかは、それ自身問題である。しかし、それは用語法に関する問題である、概念構成法に関する問題ではない。従て、それは、私が、当初から問題としていること、詳言せば、統治権の総攬者が変更した、という意味で、国体が変更したということ、に関することではない。（四）和辻博士が、前示の如く、「そういう混同や曖昧さが従来の一般社会や法制などにおける国体の語の用法のうちにあったとすれば、そういう言葉を法律のなかに導入することに対して極力反対することこそ法律学者の任務であったのではなかろうか」と難ぜられるに至っては、一層私の問題としていることから外れているとおもう。尤も博士は、「法律学者の任務」という一般的の言葉を用いられているから、この博士の所説に対して、特に私の感想を述べることが適当でないかもしれぬ。併し、私が、この博士の言葉が、博士と私との論議において、国体の概念を明かにする場合に、その語を用いる治安維持法の存在することに留意すべきであることを説いた、一法律学者たる私にも向けられたものである、と受取って、一言することは許されると思う。先ず、(四、イ)博士の言葉によれば、博士は、政治の様式より見る国家の形体と、精神的観念より見る国家の形体とを混同することが、専ら又は主として、治安維持法という法において、国体の語を用いたことによる、と考えていられる、としかとれない。しかるにそうでない。右の両者の混同は、治安維持法とは無関係に、治安維持法の制定以前から、一般社会の観念において存していたのである。これは前に(一)において既に述べた通りである。かかることは法の関与すべきことではない。例えば、法において、一般人は、国体という同一の語を用いる場合に、政治の様式より見る国家の形体と、精神的観念より見る国家の形体とを、概念的に、区別することを要する、というようなことを規定すべきものではない。右の混同をさけるのは、法に国体の語を用いると否とを問題とすべきではなく、一般社会の観念そのものにおいて右の混同をさけるよう注意すべきであろう。若し、かかる注意を為すことを特に任務とするという人があるとするならば、それは法学者ではなくて、寧ろ倫理学者や哲学者などではあるまいか。何故なれば、右の社会観念における混同は、前述の通り、治安維持法という法が国体の語を用いたことにより生じたのではなく、同法は一般社会観念において存していた、国体の概念及びその言葉をかり、これに関して生ずることとあるべき事実を想定して、規律したに過ぎないからである。故に、法学者は、同法の用いる国体の言葉が如何なる概念を示すかを明にするの任務を有するに過ぎぬ。その任務を行う際、その法以外において国体とするものを基礎とすべきものである、ということに外ならぬ。併し、私は本来、かかる場合、何々学者の任務というようなことを説くことを好まない。それは、次に述べる通り、私が、今、論議している、国体が何であるか、国体が変更したかどうか、という問題とは全の関係がないからである。ただ、和辻博士が、これに関して、法学者の任務ということを、やわらかではあるけれども、強くあたる力をもつ言葉で、高調せられたので、私も、ここに、任務というようなことを一言したに過ぎぬ。(四、ロ）それよりももっと根本的なことを述べたい。私は、私の論文においては、ただ、国体の概念を説き、この概念としての国体が変更した、ということを論ずるに当り、治安維持法を引用して、同法も、右の概念として国体の文字を用いることを述べたのである。国体の概念について往々混同を生ずることのあることは、これを述べたが、その混同をさけるために何人が努力すべきであるか、というようなことは、私の、ここに論じている問題ではない。問題は、ただ、国体の概念如何、国体が変更したかどうか、という点を明にすることにある。故に、治安維持法に国体という言葉を用いることに対して、国体に関する両概念の混同を来さしめないために、極力反対することが法学者の任務であるかどうか、いずれであるとしても、その任務というようなことは、国体の概念如何、国体が変更したかどうか、という私の問題には、何等答を与えうるものではないのである。

二に、和辻博士は、「かかる立法（筆者曰う、治安維持法の制定）の背後にあった勢力が博士（筆者曰う、佐々木のこと）の最も警戒せられている混迷の上に立っていたものであることは、多くいうを要しないであろう」といわれる（和辻博士再論著書一三七頁）〔70頁〕。思うに、博士は、これにより、国家が治安維持法を制定した理由又は同法が悪用せられたことなどをいわれるつもりであるであろう。そのことが、博士が、私が国体の概念に関して同法を引用したことを批判せられる場合に、何の役に立つか、私にはわからない。国体の概念を考えるに当り同法を引用することは、同法の善悪とは何の関係もないことである。同法の制定を見た理由、同法の規定の当不当及び同法悪用の事実については、私も勿論承知している。併し、それは私の、今の国体の概念の問題と何の関係もないから、ここには述べない。

三に、和辻博士は、「どんな悪法であるにしろ、すでに法律のなかに国体の語を用いたものがある以上は、この語がいかなる概念を現わすかを厳密に考究する必要がある、ということはいえるであろう。しかしそれならば、国体の語を用いる法律が廃棄せられた後には、国体の概念もまた必要がなくなったといえるのではなかろうか」といわれる（和辻博士再論、著書一三七頁）〔70頁〕。こういう論法は或は世俗をひきつけるかもしれぬ。併し、卒直にいわねばならぬ。ここに至ては、私の学問的に取扱っている問題の論点を外れていること甚しいのである。博士は、治安維持法の悪法であることを、私の所説に対する批判に関連せしめて、力説しようとせられるらしいが、そのことが、私の、国体とは如何なる概念であるか、という問題と何の関係もないことは、前述の如くである。

そして、同法の悪法であることとは、私も曽てしばしば説いていたのである。私が、国体の概念を明にするに当り、国体の語を用いる治安維持法をも参照すべきことを述べたのは、苟くも国体の語の示す概念を明にしようとする場合に、治安維持法が国体の語を用いているのであるから、同法が如何なる概念を示すものとしてこれを用いるかを知るを要する、としたのである。そのことは、治安維持法が、独り、新に、一定の概念を定めて、これを国体と呼ぶ、とするのではない。治安維持法は、同法を離れても、一般社会の観念において国体とせられているものを基礎として、これについて規律を設けたのである。これは、前に、一の(一)(二)においても一言した。故に、治安維持法が廃棄せられたからとて、国体の概念の必要がなくなる、というようなことは、全く根拠のない見解である。

四

国体の概念について、何人が統治権を総攬するか、という点より見る国家の形体、という場合に、或者が統治権を総攬する、というのは社会の実力関係としての社会事象をいうのではなく、法により、或者が統治権を総攬するものと定める、ということ、即ち、法律事実である、ということ、その法は、統治権を総攬する者を定めている、その時の法であることとは、私の和辻博士への答において説明したところであるが、これについては、博士は理解して下さったことを明にせられる（和辻博士再論、著書一三八頁）〔70頁〕。が、併し、博士は、そのことにひっかけて、いろいろのことを説かれる。それは、根本において、博士が、最初私を問責せられ、私がこれを答えた事項についての博士の所説を、維持しようとせられるものに外ならぬ。これについては、私は、世人に、私の前示の「国体の問題の諸論点」を精密に読んでもらうことを望む。それにより、世人は博士の所説に対する批判の材料を得るであろう。故に、厳密にいうと、今博士の所説に接しても、私は、学問的には、更に論議するの必要を認めぬものであるが、併し、既に博士が、私の所説についての批判を世間に公にせられたのであるから、私も、博士の批判についての感想を公にせざるを得ぬ。博士の所説を見る人々の中には、単に博士の所説のみを見ることから、私の所説を誤解するものがないとも限らぬからである。私は、くり返しとなることを好まぬのであるけれども、必要な程度で述べることはやむを得ない。

何人が統治権を総攬するか、という点より見る国家の形体を国体というとせば、日本国憲法により国体は変更した、というべきであることは、さすがに和辻博士も認められる（和辻博士著書一四〇頁）〔71頁〕。ところが、それに附け加えて、博士は、「曽ては天皇制擁護が国体護持の立場であったが、今はそれが国体を変更せんと意図する立場になる。国体護持とは民主制を守ることである。という風なことが、何の摩擦もなしにいえるであろうか。今や日本の国体の模範はアメリカの国体である。この国体の精華を発揮せんがためには、ワシントンやリンカーンの業績に学ぶところがなくてはならない。という風なことも、素直に一般社会に通用しているであろうか。わたくしにはどうもそうは考えられない」といわれる。博士のこの所説そのものについて、私は彼此いうのではない。ただ、博士のこの所説は、私の問題（国体の概念、わが国の国体の変更）とは、何の関係のないことを明にせざるを得ない。博士は、天皇制擁護とか、国体擁護とか、又後には国体明徴運動（和辻博士著書一四二頁）〔72頁〕とかいうことを持ち出し、これに私の所説を関連せしめて、批判しておられる。が、併しそんなことは、私の今の問題とは何の関係もないのである。

一国家において何人が統治権の総攬者であるか、はその国家の法が定める。詳に言うと、国家の法は、特定の或者を統治権の総攬者と定める。併し、法が或者を統治権の総攬者と定める、ということは、法が、常に、同一者を以て統治権の総攬者であると定める、ということではない。故に、若し、一国家の法が統治権の総攬者と定める或者が、常に同一者であるのでないならば、その国家の統治権の総攬者は、法により時に変更せられ、従て、何人が統治権の総攬者であるか、という点より見る、国家の形体は常に同一であるのではない。即ち、そういう国家の形体という意味においての国体は変更するのである。だから、日本国憲法以前において天皇が統治権の総攬者であったのが、日本国憲法により国民が統治権の総攬者となり、君主国体であった我が国の国体は、日本国憲法により民主国へ変更したのである。これより外に考えようが出て来る筈はない。

尤も、日本国憲法以前に、法により、天皇が統治権の総攬者と定められる、という法律事実が、わが国建国の最初以来一貫して不断に存していたのか、又は、中途、何れかの時代に、中絶してはいなかったか、ということは別の問題であって、これを考究することは差支なく、又、或場合には必要である。和辻博士はこれを考究し、明治維新以前には、右の中絶があるのみでなく、寧ろ長い間天皇は統治権の総攬者でなかった、とせられる。この和辻博士の意見の通りであるとしても、私が、日本国憲法により国体が変更した、とする見解には何の影響もない。日本国憲法施行の時までは、わが国の国体は君主国体であったこと、博士も異論ないのである。ただ、博士は、明治維新以前には、久しく、天皇が統治権の総攬者でなかったとし、従て、日本の歴史を貫く歴史的事実としては、わが国が不断に君主国体であったとはいえない、とせられる。私は日本が、如何なる国体であったか、ということについては、過去を貫く歴史的の事実としては、法が天皇を統治権の総攬者と定めていた、という法の定めの歴史、即ち法制史的事実を見るべきであって、実力関係としての社会事実の歴史を見るべきでない、とするのである。そうして、法制史的事実を見るとしても、私自身が直接にこれを研究するの能力を持たないから、他人の研究の結果に従い、天皇が統治権の総攬者である、という法の定め——決して成文法の定めに限るのではない——は、古来、不断に存していた、と説いた。即ち、法制史的の法律事実としては常にそうであった、としたのである。併し、前述の如く、私自身この点について論断するの能力を欠くのであるから、他人の研究に従い、右の法の定めそのものが存しなかった時代があったとしても、ために、私の、日本国憲法により国体が変更した、という見解の正当さはかわらぬ。天皇が統治権の総攬者であることをやめた日本国憲法の施行の前には、天皇が統治権の総攬者であったことは、疑ないからである。

法の定める法律事実のことの外に、社会的の実力関係として存在していた事実を見ることはよろしい。又その意味で歴史的事実というもよろしい。併し、それは、天皇が統治権の総攬者である、という法律事実としての歴史的事実正確にいうと法制史事実とは異なる。博士の説の如く、統治権発動の一般的委任を受けている将軍が、個々の事項について天皇の意思作用と無関係に統治権発動を為すことはあった。天皇の意思作用と無関係に統治権を行う、ということとそのことが、統治権発動の一般的委任を受けていることとそのことの、その場合における、事実的発現に外ならぬ。一般的委任を受けていることは法律関係である。これに基て、或個々の事項について、天皇の意思作用と無関係に、行動することは、事実関係である。法律関係たる委任と、委任に基てする事実関係たる行動とを混同してはならない。和辻博士は、この委任が何百年かの長期に亙って行われ、その間統治権総攬者が少しも統治権発動に関与しなかった、ということになると、統治権の総攬とは、国家の包括的意思力を全体としてつかんでいるという説明——これは筆者が為している説明である——としっくり合わない、といわれる（和辻博士再論、著書一四六頁以下）〔75頁〕。私は、卒直に述べる。かかる態度で他人の用いる概念を理解せられてはこまる。統治権の総攬とは、時々に存する天皇と統治権との関係についていうのである。幾代かの天皇と統治権との関係についていうのではない。時々に存する天皇が、国家の包括的意思力を全体としてつかむ、という力をいい、その天皇が、個々の事項について統治権を現実に発動する力に対していう。故に、統治権の現実の個々の発動に対して、統治権の総攬ということを考え、統治権を総攬するが、これを委任して自ら発動しない、ということについては、それが或時の一人の天皇の場合であるか、引つづき、いく代かの多くの天皇の場合であるか、というようなことは、全く関係ない。或時代長期にわたり、委任があって、統治権の総攬者が現実の発動を為さないとしても、その時々の天皇については、統治権を総攬するということは存するのである。且、統治権発動の一般的委任の場合には、統治権総攬者が、或個々の事項について、自ら統治権を発動することを、明示又は黙示に、留保することがあるのである。私の知る範囲では、徳川幕府の時代においても、天皇の認許を必要とせられていた政治行動があったと思う。又、統治権の総攬者は、その発動の委任を解除し得るものであるが、この解除を為すことが、それ自身、統治権の総攬者として統治権の発動を為すことである。徳川慶喜将軍が大政を奉還して王政復古となった時でも、委任を解く、という観念で考えられ、公の文書にもそういう意味の文言が用いられていたのである。天皇という統治権総攬者の委任に基て、統治権を発動するの職分を定める、という法的構想があったと考えるの外ない。

この委任について、和辻博士は、「この委任という考え方は、将軍の絶対的専制を根拠づけるためのものであった」とし、これに関して、縷々史実を示される（和辻博士再論、著書一四七頁以下）〔75頁以下〕。そのこと自身はそれでよいが、併し、これも私の問題とは関係ない。私は、委任という、意思関係そのものを以て説明したのである。委任の意思関係を成立せしめた事情たる実力関係などは問題でない。その事情がどうあろうとも、委任は委任である。博士の述べられた事情により、委任という性質の関係を生じたにしても、その関係が委任という性質を持つことには変りはない。

和辻博士は、幕府に対する統治権総攬者の委任ということを否定するために、前述の如く、幾多の個々の事実を示し、それが統治権総攬者の委任によらずして行われた、といわれた後、「これらのことはすべて社会的事象であって法律事実ではないであろうか。日本の法制史は右にあげた武家法や国法を当時の現行法と認めている。云々」といわれる（和辻博士再論、著書一五一頁以下）〔77頁〕。ここでも、私の所説が私の趣旨に従て理解してもらえていないように思う。（一）私は、統治権の個々の発動について存する、個別的委任と、その発動一般について存するものとを分ち、後者については、特に一般委任という言葉を用いた（拙初論二二頁以下、本書二四四頁）〔161頁〕。この一般委任があるのであるから、個々の場合については、特に留保せられない限り、一々委任あるを要しないのである。従て、博士の力をこめて示される、条約締結、法度、武家法の制定が、法上の意味で根拠を有するのである。博士は、委任ということを、その個々の事項——条約、法度、武家法の如き——について特に委任することと解せられていると察せられる。個々の事項についての個別委任の有無は、私にとっては問題でない。（二）もし、右の一般委任がないとするならば——一般委任は明示たると黙示たることを問わず、従て、言葉によると、行動、態度によるとを問わぬのである——、そうして、又、博士の主張により、個別委任もなかったとするならば——私も、多分そうであろうと察しはするが、併しそれを主張することを為し得ない、かかる場合の個別委任でも、矢張、明示、黙示、言葉、行動のいずれによるかを問わぬのであり、かかる個別委任が存したかどうかは、専門外の者が、軽々に断すべきでないとおもう——、前示の幕府の行動は、勿論違法というの外ない。尤もこの場合違反せられる法というのは、天皇という、統治権総攬者がある、という定めである。この根本法があるから、天皇以外の者は、天皇の一般的委任か又は個別的委任かがなくては、統治権の発動たる行動を為し得ないこととなる。だから、右の委任なくして統治権を発動したとするならば、右の根本法に違反することとなる。右の場合に違反せられる法というのは、天皇が統治権を総攬せられるという定めである。天皇以外の者により根本法に違反して、それらの法を制定するという行動があったからとてこれにより根本法そのものの存在を否定するの理由とはならぬ。(三) 法律事実とは、法律が或事実を想定して、これについて規律する場合の、その想定せられた事実をいうのである。それが、社会事象として現実に生起するとか生起したとかいうこととは関係ないことというまでもない。又、法律に関係ある事実、例えば、或法律の実施の結果存在する社会的事象とか、或法律の存在を促す社会的事象とかいうようなことではない。和辻博士は、前示の条約、法度、武家法などのことを詳に示し、総括的に、「これらのことはすべて社会的事象であって法律事実ではないであろうか」と反問せられる。一言にして答える。勿論私の用いた意味での法律事実でない。博士の示されたことは、何らかの法律が、この規定の対象として想定して規律した事実、というようなものではなく、社会的事象そのものである。それは、当時の法に照して考えられ、価値判断せらるべきもの、当時の法の存在に関係ある事実ではあろう。併し、そういうことが法律事実であるのではない。(四) 併し、和辻博士のいわれる如く、彼の立法の行動が右の根本法に違反したもの即ち天皇の委任なくして行われた行動であったとしても、その立法の行動の結果たる法度、武家法は、当時の現行法として取扱われていた。これはいうまでもない。そのことは、かの統治権の総攬者である天皇の委任なくしては、他の者は統治権の発動を行うことを得ぬ、という法の定め、の存していたことを、毫も妨げない。今この論文で、私が、右の行動が根本法に違反する、というのは、法理論上そう考うべきものである、ことをいうのである。当時の職権ある機関がそう考えたということをいうのではない。当時の職権機関は、法に違反するなどいうことは考えていなかったにちがいない。即ち、その機関の解釈は、当時においては有権的のものと取扱われ、従て、私どもの法理論上の解釈では法に違反するが、併し、当時の職権機関の解釈では法に違反するものとせられず、現行法として取扱われたものというの外ない。故に、天皇による委任なくして——これは博士自身の所説である、私は、委任によるのであった、とすることは前に述べた通りである——彼の立法行動を為したとしても、その結果たる法度、武家法などが当時の現行法として取扱われた、ことは当然である。又、そのことは、私が委任なくして行われたとすれば、違法の行動（法理論的見地で）があった、というべきである、ということを少しも妨げない。法の解釈に理論的解釈と有権的解釈とあることは、和辻博士も理解して下さるであろう（拙著『日本国憲法論』一三九頁以下、『改訂日本国憲法論』一二八頁以下参照）。私が、当時の職権機関が委任なくして統治権を発動して立法した行動を違法の行動だとすることに対して、博士が、その行動の結果である法度、武家法について当時の現行法であったということを特に高調して、私の所説を難ずるの口吻を為されることは全く中らない。

五

和辻博士は、博士が、天皇が久しい間統治権の総攬者でなかった、と主張せられることに特に附加して、「しかしそれは、天皇がその伝説的な尊貴の地位を失われた、ということではない」とし、又、「天皇は将軍を任命する地位にいられた」とし、「天皇は、日本国家の包括的意志力を全体としてつかんでいる、と法によって定められているが故に、将軍を任命する権威を持たれたのではなく、法律をふみにじることをも恐れない武力の掌握者が、その実力にもかかわらずなお認めざるを得ない伝統的権威を持たれていたが故に、将軍を任命されたのである」といわれる（和辻博士再論、著書一五三頁）〔77〜78頁〕。（一）和辻博士が、天皇が統治権の総攬者でなかった、とせられるからとて、博士が、天皇が伝統的な尊貴な地位や伝統的権威を失われた、とせられる、などと私は決して思わない。特にかかることをことわられる必要がどこにあるのか、私にはわからぬ。（二）それに、もともと、統治権を総攬するということは、国家の体制のことであって、天皇の伝統的な尊貴や権威などいうことではない。天皇が、統治権を総攬する、と法によって定められているから、将軍を任命する権威を持たれたのではない、と博士は特にいわれるが、それは私の問題には関係ない。私は、天皇が統治権を総攬せられるのは、法がそう定めているからである、というたので、天皇が権威を持たれるのが、法がそう定めているからである、などとはいわないのである。且、天皇が将軍を任命する権威ということも、ここに問題としていることに関係するものとしては、その意味私にはいささか不明である。将軍を任命するという行為を為すのは、統治権の発動であって、天皇が統治権の総攬者であるという法的地位そのものに存する力である。その以外にその行為を為すの権威などいうことを、今この問題について考えるの必要はない。尤も、天皇がその行為を為す場合、その行為の存在が社会的意識において承認せられて、社会により、法的体制上のこととして服従せられるのみでなく、その存在を承認せられることを指して、その行為を為すの権威と称してよい。かかる権威の存することは、法により天皇にその行為を為すの力を認めたからではないこと、勿論である。それは、法が定めたということ以外に、何らか他のことを求めなくてはならぬ。併し、国家の法的体制の問題としては、かかる権威の力が将軍を任命するのではなく、天皇の統治権発動による力が将軍を任命したのである。その任命が社会的に承認せられる根拠を、天皇の伝統的の尊貴とか権威とかに置くことそのことはよいが、それは、天皇が国家体制上統治権を発動して将軍を任命する力を持つ、ということとは別のことである。和辻博士は、天皇が統治権の総攬者として、法によって定められているが故に、将軍を任命する権威を持たれたのでない、といわれるが（和辻博士再論、著書一五三頁）〔78頁〕、ここで私の問題に関するものとしては、将軍を任命する権威というようなことは関係ない。将軍を任命するというのは、天皇の意思の作用であって、その作用そのものは、権威などいうことではない。つまり、二つの別々のことである。

六

和辻博士は、右の如く、一方において、天皇が将軍を任命すると説きつつ、他方において、その行為は天皇が統治権を総攬しているという力の作用ではなく、天皇は統治権総攬者でない、とせられた後、(一)「統治権総攬者でなくても天皇には独特な尊さがあったということに言及せざるを得なかった」といわれる。そこで、(二)「天皇の中枢的意義」なるものを説かれ、「中枢的意義が国民の全体性の表現というところにあり」として、(三)「その国民の全体性が統治権の源泉であるならば、その天皇を統治権の総攬者と定めることと、国民を統治権の総攬者と定めることとの間には、憲法の条文が表に示しているほど大きい区別は実質的にはないことになるのである」と結ばれる(和辻博士再論、著書一五六頁以下)〔79頁〕。(一)天皇が統治権の総攬者であったか、という国家体制の問題を考える場合に、天皇が久しく統治権総攬者でなかった、と結論するからとて、それでも天皇には独特の尊さがあった、というようなことを説くの必要がある、とせられる和辻博士の見解は、私には理解出来ない。天皇の尊さというようなことは、この問題の場合には、何の関係のないことと私は思う。(二)だが、それはそれとして、博士が、天皇の尊さを説かれるものとしての、天皇の中枢的意義たる、国民の全体性の表現なることは、博士の初論においても説かれ、又日本国憲法第一条にいう、天皇が日本国民統合の象徴であるとは、天皇が国民の全体性を表現することであるとせられた（博士は、憲法第一条にいう、天皇が日本国の象徴である、ということについては、全体性ということは説かれていないので、この点に関しても疑問があるが今論及しない）（和辻博士著書一一三頁以下）〔58頁以下〕。これについては、憲法が天皇について、象徴であると定める意味を詳に考える必要がある。それは私の初論において一言してあり、又、本書中、「国家的象徴」の一文に論じてある。（三）併し、博士が、前述の如く、天皇を統治権の総攬者と定めることと、国民を統治権の総攬者と定めることとの間には、憲法の条文が表に示しているほど大きな区別は実質的にはない、と説かれることは、私ども法的体制を考えるものより見ると、重大な点であり、私はこれには承服し得ない。尤も、ここに博士が実質的に区別はない、といわれる意味は、ハッキリしないのがあるが、この場合の博士の説明より推して、全国家生活より見ることであって、即ち、憲法の法規範としては、国民を統治権の総攬者と定められているが、これは日本国の全国家生活よりいうと、天皇を統治権の総攬者と定めるのと、その法的構想において、大きな区別はない、という意味ではあるまいか。そうであるとすれば、日本国憲法と前の帝国憲法との差異の尤も根本的のもの、即ち、一（日本国憲法）は国民主権を国家体制上の基本原理として、その上に他の国家体制上の幾多の原理を立てているし、他（帝国憲法）は君主主権を国家体制上の基本原理として、その上に他の国家体制上の幾多の原理を立てている、ということを全然無視するものである。一口にいうと、新しい憲法と前の憲法とは、国家体制について、同一の根本原理を基礎とする、ということとなる。かかることの中らぬことは、いうまでもあるまい。尤も、博士は、わが国の憲法の規定において国民主権という場合の国民の中には天皇をも含むとして、じゅんじゅんと説明せられ、そして、英語の people と同義語であるとせられる（和辻博士再論、著書一五七頁以下）〔80頁以下〕。併し、日本語として、われわれが素朴に国民というときは、天皇を含まず、天皇は国民でない、又、日本語の国民は people を翻訳したものとして用いるのではない、従て people は君主を含んでいうことがあるが、日本語として、国民には君主を含むものでない、ということは、私が、博士へお答した初論中既に述べてあり、又、他の場合にも述べてあるから（拙著『日本国憲法論』一三頁以下、一〇〇頁以下、一三八頁以下、三七一頁、『改訂日本国憲法論』一三頁以下、九三頁以下、一二七頁以下、三七九頁）、ここにこれをくり返さない。尚、天皇が国民の中に含まれない、という点は、美濃部博士も私と同じ意見である（美濃部博士『新憲法逐条解説』一三頁、『日本国憲法原論』一二二頁）。和辻博士によれば、日本国憲法が国民主権といっていても、帝国憲法下の君主主権（帝国憲法が君主主権の語を用いたのではないが、帝国憲法の規範の解釈の結果、君主主権といわれるものとするのである）と異ならぬ、とせられるのである。こうなれば、新旧憲法の差異の問題は、根本的には、消滅する。便宜な説明ではある。併し、今日、わが国の政治体制が国民主権か君主主権かということは、極めて重大な根本問題であって、最も明確な観念を持っていなくてはならぬ。そのいずれであっても、大して差異はない、というような観念は、私の考によればこれを棄てなくてはならぬ。

以上は、和辻博士が、憲法が、天皇が統治権の総攬者であると定めるも、国民が統治権の総攬者であると定めるも、全国家生活より見たその法的構想において大きな差異がないとせられる、として論じたのである。然るに、眼を転じて見ると、和辻博士が実質上大きな差異がない、といわれるのは、法的構想についてではなく、法の定めの下で行われる政治的運営について、いわれるのではないか、と思われるふしもある。というのは、博士は、右の引用した場所とは別の場所において、「天皇は、帝国憲法の下で統治権の総攬者であっても、決して、その意見をもって決定をなされなかった。他の者において決定したものを、天皇の意思として発表せられ、又は他の者の意見を徴して、それを自らの意見として行動せられた。日本国憲法の下においては、国会が統治権総攬者たる国民の全体意見を担い、統治権総攬者を象徴するのであって、これは、帝国憲法の下の天皇による統治権総攬の実際の事態と、根本的変化のないものだ」とせられる（和辻博士再論、著書一六一頁以下。筆者曰う、博士の文言そのものを引用すると、あまり長くなることをおそれたので、その趣旨に従って引用した）〔82～83頁〕。これについても私は理解し得ない。

（一）帝国憲法の下で天皇が統治権総攬者であった、ということは、統治権を発動する個々の場合に、憲法所定の機関の参与を受け、又、憲法に抵触しない範囲において憲法所定の機関以外の者の意見を参考しなかった、ということではない。併し、その場合でも、国家体制としていうと、その行為を行うことを決定し、これを行うたものと考えられたのは、天皇であって、これに参与し又は意見を述べた他の者ではなかったのである。（二）又、博士の説明では、帝国憲法の下で統治権の総攬者たる天皇が、個々の場合に、他の者の参与により、又はその意見を聴いて天皇の行為を決定せられたことを、日本国憲法の下で、国会が国民を代表して、統治権を発動することと比較して、同一の事態であるものと考えていられる。これは誤解であろう。日本国憲法の下では、国会が行動を為すのは、国民全体を代表してするのである。国民全体の行為に参与するのではない。帝国憲法の下で、天皇以外の者が、天皇の行為に参与したのとは、根本的にその性質を異にするのである。代表と参与との差異を見おとしてはならぬ。（三）又、博士は、日本国憲法の下で、「国会は、象徴的に、国民の全体意思の担い手となるのである。即ち統治権総攬者を象徴するのである」といわれる。これでは日本国憲法下の国会の性質は全く誤られる。国会は国民全体を代表するものであるが、その象徴であるのではない。代表と象徴とは区別すべき観念であるが、ここでは、両者の差異などを詳述するの煩わしさをさけよう。（四）更に又、帝国憲法下の事態と日本国憲法下の事態とが、異なるかどうか、という問題は、天皇が統治権の総攬者である、という場合の国家体制上の事態と、国民が統治権の総攬者である、という場合の国家体制上の事態とが、異なるかどうかの問題である。単に統治権を総攬する、ということとそのことの事態についていうのではない。甲又は乙というものが統治権を総攬する、ということに着眼して、甲の総攬する場合の事態と、乙の総攬する場合の事態についていう。単に或者が（何者なるかを問わず）統治権を総攬するということとそのことの事態というならば、それは、何人が総攬するとしても、同一の事態であること勿論である。併し、天皇が統治権を総攬せられていた場合の事態と、国民が統治権を総攬する場合の事態との間には、実際的に見ても――国家体制についての法的構想から見るのではなく――大なる変化があるものである。

七

以上和辻博士の再論の読後の感を述べた。博士の再論は、特に私への質問として答を求められたものではない。併し、その所説は、主として私の所説に関するものであり、且、実質上その反ばくであるから、この私の感想文が、博士にお答するようなものとなったのである。それにしても本文は思わず長文のものとなった。真に、思わずである。私は、博士の再論を雑誌「表現」で読んだ時、実はこれについて別に私の意見を公にするの意思を起さなかった。後、博士の論文集が公にせられ、その中に右の博士の再論が収録せられてあるので、私も矢張意見を公にするが適当だと思い、この稿を起したのである。それも曽て公にしたものと同じようなことをくり返すことをさけたいと思い、なるべく短くすることを期していた。然るに、右の起草に着手してから、再び博士の再論を読み、読むに随て起る感想をかいてゆくと、意外にかかる長文となったのである。且私の初論の場合と異なり、始より論述の体系を立ててかいたのではなく、読んで感ずるままにかいたのであるから、立論の方法も自ら雑ぱくとなってしまった。既に発表してある論述と、その論点において、又その理論において、重複することのないよう、答えたつもりであるけれども、何分他人の論述に関係してする私の論述であるから、自然、重複するところがあったであろう。博士及び読者の諒解を請う。

私の論述においては、その措辞適当でないものが或はあったかも知れぬ。ただ、それは、学問上の論議においては理論を徹底的に示すの態度を可とする、という由来学徒頑愚の性癖のいたすところに外ならぬ。切に博士の寛恕を御願する。ことに、次のことを述べておきたい。私は、博士の初論の所説中、私より見れば国体の概念及びこれを定立する者について、いささか思索の能力——思索の理論というよりも——に対する批評ではないかと、感じたものがあったので、私の御答の初論において、その感じを示しておいた。ところで博士は、再論において、このことに注目せられ、博士の初論中の、国体の概念が混淆の産物であるとか、ものを精密に考えない人々によって作られたとかいうのは、私の国体の概念及びその概念を立てる私のことについていわれたのではない、ということを特に明に述べて下さった（和辻博士再論、著書一六四頁以下）〔84頁以下〕。これについて、私は真に恐縮の念をいだいている。ただ、次のことは諒解してもらいたい。私が右の如き感じを持ったのは、決して、私という一人のこととして感じたのではない。一般に国体というもの、及び、一般に国体の概念を立てる人、のこととして感じたのである。故に、私が、初めの御答において、私の感じを示したのは、一般に国体の概念及び一般に国体の概念を立てる者のこととして、これについての私の感じを示したのである。私一人のこととして私の感じを示したのでは、決してない。

今回の論議に当って感ぜられたことであるが、要は問題のあり処を明にしてかからなくてはならぬ。（一）国家について、何人が、統治権の総攬者であるか、という点より見る形体、ということを一の概念として定立すべきであるか、どうか。(二) かかる概念を定立するとせば、わが国では、いかなる言葉を以てこれを呼称しているか。国体の語か、政体の語か。(一) は国体の概念の問題であり、(二) は国体の言葉の問題である。当初からこういう前提で、私は、国体は日本国憲法により変更した、と主張したのである。そうして、和辻博士の再度の懇切なる御教示を得て、多くの事項について知識を与えられたことを謝するのである。それにも拘らず、私の右の主張に至っては、私は、依然としてこれを維持するの気持を失わない。

和辻哲郎著作

日本古来の伝統と明治維新後の歪曲について

明治維新が尊王攘夷の標語のもとに達成せられながら、幕府を倒した維新政府が直ちに幕府と同様の開国主義に転じたことは、周知の通りである。開国は日本の当面した必然の形勢だったのであるから、幕府の開国の立場を攻撃した攘夷派の主張が、結局討幕のための策略に過ぎなかったことは、攘夷を熱心に主張した志士連が、維新後には政府の立場に立ち恬然として民衆の間の攘夷的感情を一掃しようと努力していることによっても知られるであろう。

しかし攘夷の方はとにかくとして、尊王の立場が維新後に持続され、一層力強く主張されて行ったことも周知の通りである。特に維新直後は、平田派の国学者を中心として著しくファナティックな尊王主義が勢力を持っていた。大教宣布の運動などがその現われである。これはさすがに開国主義に転じた有力者たちによって抑圧されたが、しかし底流としてその後も働らき続けた。その結果として、千数百年に亘《わた》る日本の歴史的伝統とは異なったさまざまの現象が、天皇尊崇の立場と結びついて現われて来た。紀元節とか、宮城とか、大元帥とかいうものは皆そうである。これらは明治時代特有の考え方を示したものであって、日本の古い歴史的伝統と係わりがないばかりでなく、むしろ歴史的伝統とは相容れない点を持つものである。このことははっきりと認識して置く必要があるであろう。

一　紀元節の問題

紀元節復活の問題が政治問題として論議せられるに当って、われわれの特に強く感ずるのは、紀元節というものが恰も日本の古い伝統を担っているかの如く誤解せられていることである。紀元節は、明治五年の太陽暦採用に連関して明治六年から考え出されたことであって、それ以前の日本人は曾て考えたこともなかった。即ち明白に明治以後の現象なのである。

元来「紀元」という言葉は、年を数える規準を意味する。これは時間を計量するに当って最も重大な点であった。日は一昼夜として成立し、月は月のみちかけとして成立し、年は四季の循環として成立する。だから日は月において、月は年において数え得られる。尤も、それを数える際に、日は月の初現の日を第一日として数えるのが普通であるが、月はどれを第一月とするか、不定である。従って春分正月、夏至正月、冬至正月など、いろいろの正月がある。しかしいずれを第一月とするにもしろ、とにかく年において月が数え得られることに変りはない。然るに、年は何において数えられ得るか。一々の年に固有の位置を与え得る地盤は何であるか。ここに紀元の問題の生ずる箇所があるのである。

紀元が定まらないでも年を数える方法がないわけではない。例えば、生れた年を規準としておのれの年を数えることは、何人にも可能であろう。尤も赤ん坊は年を数えたりなどすることは出来ないのであるから、この数え方は自分で始めるのではなく、親が始めてくれるのである。即ち家族の立場において可能となるのである。しかもこうして数えるのは各人別々の年齢に過ぎないのであるから、公共の立場における年の数え方となることは出来ない。

公共の立場において年を数えることが始められた時に、初めてその規準としての紀元が定められてくる。そういう紀年法の最初のものは国家の立場において作られた。何王の治世何年という数え方である。王の即位の年が紀元になる。でない場合には、王の名の代りに紀年の高官或は特定の神官の名で年を示すこともある。しかしその年が個々の王や神官の在世年数を超えて数えられるのは当然であるから、勢い王や神官の名の目録が必要になってくる。それらの名が一定の順列に並べられなくてはならぬ。そういう名の数が多くなると計算が煩わしくなるので、後には有名な王とか有名な事件とかを規準とする方法が始まってくる。そういう名や事件は国家の立場を超えて広く知られているのであるから、ここに幾分インターナショナルな性格が生じてくる。ナボナッサル紀元、トロヤ紀元、オリンピアード、ローマ建国紀元などがその例である。後、西暦六世紀頃に、キリスト紀元（ディオニシウス紀元）が行われ始め、九世紀頃に決定的な優位を占めるようになった。と言っても、主の年（Anno Domini）という言葉を用い始めたのは十三世紀だそうであるが、この紀元の特長は、インターナショナルに通用するという点にあった。それが有効に働いて、他の紀元を圧倒することが出来たのである。

日本に直接に文化的な影響を与えたシナにあっては、殷周時代には王公の即位の年を規準にして年を数えた。これは一般の場合と同様である。周末に至って、干支によって年数を数える方法も使用され始めたが、何王何年という数え方に代りはしなかった。後、漢の武帝に至って元号が用いられ始めた。西暦紀元前一四〇年のことである。この後は元号が主として用いられ、それに干支による数え方も併用されたのであるが、国家の立場を超えた年の数え方に対する要求は、多分この干支の使用によって充たされたのであろうと思う。

干支は十干十二支で、その組合わせにより六十までの順列が定まり、更にその六十という数を一つの単位として大きい数を数えるやり方である。この数え方はすでに古くシュメールにおいて行われていた。これは多分、両手の指十本によって数を数えるやり方と、一年の月の数十二によって数を数えるやり方との結びついたものであろう。黄道十二宮の考など、いつ始まったとも解らない位古いそうであるから、十二という数を一つの単位として重要視する考え方も非常に古いものであろう。しかしシュメール人の考とシナの干支の考との間に何か関係があるかどうかは、なんとも言えない問題である。年代が少し喰い違い過ぎるが、それでもシュメールからの影響ということは全然あり得ないことではない。またそういう影響がなかったとすると、六十を一つの単位とする考え方に、どこか普遍人間的なものがあるということになる。

干支に慣れないわたくしたちにはもうそういうセンスがなくなっているが、干支に慣れた人たちにとっては、十干（甲乙丙丁戊己庚辛壬癸）と十二支（子丑寅卯辰巳午未申酉戌亥）との組み合せによる六十の干支の順列は、非常に鮮明に心に映ったものであるらしい。ところでその順列が鮮明であればあるほど、それを内容とした六十という数は、非常に固く結合した一かたまりの数として、単位としての意味を顕著に持ってくる。この両様の意味は、われわれにはもはや鋭敏に感じられなくなっているが、干支を用いていた人たちにはそうではなかったであろう。

六十という数の内部における順位の感じは、六十以内の数を数える場合には、非常に有力に働いていたと思われる。月において日を数える場合などは、僅か三十ほどのことであるから、干支によってはっきりと日の順位が言い現わされたであろう。殷代にすでに日を数えるのに干支を用いていたと言われているが、これはいかにも尤もだと思われる。年や月を数えるのに干支を用いたのはもっと後のことだと言われているが、月はとにかくとして、年を数えるのに干支を用いることと、十干を陰陽五行（木火土金水）に配し、十二支を動物にあてるようになったこととは、何か関係があるかも知れない。これは一層後のことだそうであるから、十二支の動物の名と黄道十二宮の星座の名との間に何か関係を求めることは無意味であろうが、しかし人の寿命は大体においで六十前後であったであろうから、個人の寿命を数えるものとしての干支は、非常に有力に行われたろうと思われる。そのことが陰陽五行や十二支の動物の名と連関して、干支にいろいろな意味を付け加えて行ったであろう。しかしそういう風に干支が年を数える方法として一般化してくると、それは個人の立場における年の数え方たるに止まらず、公共の立場における年の数え方としても用いられざるを得ない。然るにその場合には、この数え方は国家の立場とは無関係でない。それは王の即位の年などに関係なく、従って王朝の交代などにも関係なく、非常に長い年数を数えることが出来る。つまりキリスト紀元と同じく、インターナショナルな紀年法として通用し得るのである。

かかる干支が日本へは、朝鮮経由で、暦法と共に入って来た。欽明朝か推古朝あたりのことである。初めのうち日本人が年を数えるのにこの干支を用いていたことは、法隆寺の薬師如来造像記に「池辺大宮治天下天皇大御身労賜時、歳次丙午年」とあり、また同寺の釈迦如来光背銘に「甲寅歳三月二十六日」とあるによっても明かである。つまり日本人が暦の知識を持ち、公共の立場で年を数え始めた時には、国家の立場を超越した、インターナショナルな紀年法を用いたのであった。

しかしそれだけが、この後の日本における紀年法として行われたというわけではない。日本書紀が編纂され、長期に亘る日本歴史が書き記された時に、そこに用いられた紀年法は干支ではなかった。尤も神武天皇の即位までは、甲寅年東征出発、乙卯年吉備国滞在、戊午年難波到着、己未年大和征服という如く、干支を以て記しているが、辛酉年正月の神武天皇即位以後は、干支を離れて即位後の年数を二年三年四年と数えることになっている。月もまた正月二月三月というふうに数え、干支はただ日を数えるのに用いるだけである。これは年を数えるのに何王何年と言ったシナの風を学んだのであろう。

しかしシナでは漢代以後元号が用いられているので、日本でもそれを学び取って、大宝あたりで元号が確立してくる。続日本紀では巻二の大宝元年以後、年はすべて元号を以て記しているが、その後はずっと千二百余年後の昭和年代に至るまでその風が続いている。なお元号のほかに天皇の名の下とか上とかに代数を記すことも行われている。例えば第四十五代聖武天皇天平十三年という如きである。しかしこれらの場合にも日は干支を以て記されている。それが今のように、干支を用いず、二月四日という風に数字を以て記すようになったのは、平安朝に出来た大鏡や水鏡のような和文の歴史書以来のことである。ここでは天皇の代数を大きく記して、歴史的年代の前後を示し、年は元号によって数えている。年を記すのに干支を用いるのは元号のない時代だけである。そこで例えば、聖武天皇は第四十五代であり、養老八年二月四日に即位されたと記されることになる。これは現在と同じ年月日の記し方なのである。

以上の如きが日本における紀年法の伝統であって、一々の年の位置は天皇の名或は元号と結びついて定まることになっている。神武天皇即位の年を紀元元年とし、それを規準としてその後の年を数えるというようなことは、われわれの祖先の曾て考えもせず、況んや実行もしなかったところである。しかし神武天皇以来の代数は伝承されて居り、またその代々の在位年数や元号の存続年数も言い伝えられ或は記録されているのであるから、それらを合計して神武天皇即位以来の年数を数えることは出来るであろう。その際、干支の知識は非常に役に立つ。神武天皇即位の年が辛酉と記されていることは、干支の表の上で一定の位置を指すことになる。もし神武天皇即位の年を紀元とし、それを規準として年を数えようという要求が存したのであるならば、一々の年にこの通し番号をつけることは極めて容易であったのである。然るにわれわれの祖先はそういう要求を持たなかった。神武天皇以来の歴史を記そうとする場合にさえも、そういう要求を示さなかった。一々の年は元号において定まりさえすれば好かったのである。つまり神武天皇即位の年を紀元とするというような考は日本にはなかった。むしろ代々の天皇の即位の年がさしずめの紀元であった。ただ稀れに藤田東湖のような人があって、神武天皇元年辛酉から今年までは二千四百九十年余になり、天保十一年庚子の年には二千五百年になるなどと述べた位のものであった（回天詩史）。しかしそれが日本人一般の意識にのぼり、一々の年と関係づけられるなどということはなかった。

然るに、明治五年十二月に、太陽暦採用に際して、突如として変化が起ったのである。即ちその時に、神武天皇即位の年を紀元元年とし、即位日を祝日とするというおふれが出、ついで翌六年の一月に、五節を廃し、神武天皇即位日（一月二十九日）、天長節（十一月十一日）を祝日と制定された。更に同年の三月に至って、神武天皇即位日を紀元節と呼称するというおふれが出た。（日は後に二月十一日、十一月三日に改められた。）これは改暦という変革に乗じて祭日の改廃を企てたことを意味する。五節とは人日《じんじつ》（一月七日）、上巳《じょうし》（三月三日）、端午、七夕、重陽（九月九日）であるから、元来は民間の節供である。これを廃して紀元節と天長節とを定めたということは、当時の為政者が維新の変革のためにいかに皇室を利用しようとしていたかを示すものである。周知の如く、たとい政府が廃止しようとも、三月三日の雛祭りや、五月五日の端午の節供や、七月七日の星祭りなどは、決して消滅しては行かなかった。反って、紀元節の方が、わずか七十余年にして消滅の憂目を見たのである。

維新政府がこの時に紀元節を重大視したのは、決して意味の軽いことではない。それは明治維新が、単なる話し合いによってでなく、武力を以て達成されたということと関係のある問題である。当時、明治維新の王政復古は、所謂王朝時代への復古ではない。更に溯って神武天皇への復古であるということが、強く主張された。これは実は容易ならない主張だったのである。聖徳太子の憲法とか大宝養老の律令とかに示された天皇統治の理想によると、天皇はあくまでも徳を以て治むべきものであって、武力の上に立つべきものではなかった。武力は国を守るに必要であるが、しかし政治の手段とすべきものではなかった。従って天皇の立場は幕府の将軍の立場とは本質的に異なっていたのである。しかし武力を以て幕府を倒した「武士」たちは、この点を全然理解しなかった。だから天皇の統治の理想などを顧みず、神武東征の伝説の主人公、即ち遠征軍の指揮者神武天皇をわが国の建国者として特別に重んずるという態度を取ったのである。これは天皇を大元帥として武力の上にかつぎ上げるという企てへ真直ぐに発展して行く。天皇が軍隊の最高の指揮者であるなどという考は、「天子」とか「天皇」とかの考には全然なかったことなのであるが、それを恰も日本の古来の伝統であるかの如くに国民に思い込ませたのは、紀元節を祝日とするような企てに始まった、明治以後の為政者の仕事に過ぎぬのである。

ところで右のような為政者たちは、攘夷主義者から開国主義者へ豹変した人たちなのであるから、西洋の「文明開化」を取り容れることにも極めて熱心であった。西洋で行われている太陽暦を取り容れて、在来の太陰太陽暦に変えることが、何か非常な進歩であるように考えたのも彼らである。その彼らが西洋の暦法に連関して、キリスト紀元による紀年法を非常に便利なものと感じたことは、いかにも当然のことに思われる。そこでその人々がそういう紀年法を日本へ移入したいと考えたとしても少しも不思議なことはないのである。神武天皇即位の日を紀元として年を数えるということは、つまりキリスト紀元の翻訳にほかならず、明治初年における為政者の特有の考え方を示していると言ってよい。

しかしこの翻訳は無理であった。キリスト紀元は西洋でインターナショナルに通用し得たが故に便利であったが、神武紀元は日本国特有であって、インターナショナルに通用することが出来ない。そういう一国特有の紀年法としては既に元号があるのであるから、今更神武紀元に改める必要はない。日本の歴史を覚える場合の便宜から言えば、元号のリストを覚えることによって時代の前後が非常に直観的に心に浮ぶのであるから、神武紀元などを借りなくても不便なことはない。もし年数の通計を併せて記憶したいというのであるならば、ここに西暦を参照した方が遥かに便利であろう。何故ならそれによってわれわれは、日本の歴史的時代と西洋のそれとを一目の下に対照し得るからである。

のみならず神武紀元を新しく主張するためには、日本書紀の古い部分の歴史性が立証されなくてはならなかった。そうしてそれが不可能なことは、明治の史学者にもはっきりと解っていたのである。だからわたくしどもの若い頃には、三韓との接触の出来る以前の日本の歴史は、神話伝説の類に過ぎないということが、学者の間ではっきりと認められていたように思う。

そういう伝説の時代に対して、日本書紀がどうしてあのようにはっきりとした年立をなし得たかというと、推古天皇の時代に、暦法を採用して間もなく、日本の歴史についての反省が起り、推古天皇九年の辛酉の年から一蔀《ほう》（一二六〇年）を溯って、その古い辛酉の年を神武天皇即位の年としたのであろうという。この考は讖緯説に基くのであるが、その讖緯説なるものはシナでは前漢と後漢との間の王莽の頃より栄え、隋に至って弾圧されたので、日本の方に反って詳しく残っているのだそうである。干支では六十年を一紀とし、二十一紀（一二六〇年）を一蔀とし、辛酉の年には革命、一蔀の初めの辛酉の年には大革命があるとする。革命以外にも甲寅太歳、戊午革運などを説いている。日本書紀の年立はちょうどそういう考に合うように出来ているのだそうである。つまり神武天皇即位の年なるものは、ただに伝説的であるのみならず、更に讖緯説の如き迷信に基いたものなのである。

このことは学問的にはすでに古くから解っていた。しかし祭日が神話や伝説に基いて成り立つということは珍しいことではない。わたくしたちは子供の頃から、梅の花の綻びそめる季節に、「雲に聳ゆる高千穂の、高嶺おろしに草も木も」と紀元節の歌をうたってこの日を祝したが、その際、この二月十一日という日が旧暦の一月一日の翻訳であるということも知らなければ、またこの祝日が天皇を大元帥に作り直す底意と結びついているというようなこともまるで気づかなかった。ただ太陽暦の採用によって小寒や大寒よりも前へ引越しさせられた「正月」の、在来持っていた季節の感じ、即ち寒があけて立春になり、そろそろ梅の花が咲き出すという季節の感じを、この祝日において経験するのが常であった。そういう点から考えると、紀元節が祝日として日本人に歓迎されたのは、旧暦の正月の代償という意味も相当にあったであろう。その点においては、二月十一日の方が、一月一日よりもずっと祭日に適しているのである。そういう意味で明治以来慣れ親しんだ紀元節という祭日の感じと、神武天皇即位の日を紀元の祭日として祝うという思想とは、必ずしもぴったりとは合わないであろう。

これらのことを考えると、紀元節を復活しようとする要求が、必ずしも日本古来の伝統を尊重する立場から出たものではないことが解るであろう。

二　宮城の問題

紀元節の設定が、王政復古は王朝への復古でなく神武時代への復古であるという主張、即ち天皇を軍隊の最高の指揮者大元帥たらしめようとする思想と連関しているように、江戸城を皇居たらしめ、それを「宮城」と称したことも、天皇を将軍の位置に据え、大元帥にふさわしい体制を取るということと、密接に関係しているように思われる。即ち「宮城」という言葉が皇居を意味するようになったのは、明治初年の特有の現象であって、日本の古来の伝統に曾てないことなのである。

皇居は久しい間御所、内裏、禁裏、大内などと呼ばれていた。平安奠都以来、千百年近い間、京都御所が皇居であった（初め四三〇年間は平安京の内裏。一二二七年に焼失した後には里内裏のみであった。今の場所は土御門内裏であって、足利三代将軍の頃に選定され、その後四六〇年位続いた）。平安奠都以前に八十年ほど続いた平城京の御所も、大体同じ様式であった。即ち防備を施した城郭ではなく、ただの建築であった。建築の様式は時代と共に幾分かずつ変るが、「御所」としての根本の形態は、全然無防備の木造建築であって、儀式用の部分と住居の部分とを含むが、武力に対抗する設備は全然なかった。里内裏に至っては、普通の貴族の住宅に過ぎなかった。

皇居のみならず、「京」そのものが防禦設備を持たなかった。平城京はシナの京を模し、羅城を作ったというが、ほんの形式的なもので、城壁とはならなかった。平安京に至っては、その羅城が中々できず、ただ羅城門のみに終わったのだという。それが有名な羅生門である。羅城の考そのものが日本人の意識から脱落してしまったのである。それほどに京都は城壁と縁がない。

これは日本の京都がシナやギリシアの都城と著しく異なる点である。それは外敵の攻撃を予想しないのみか、内敵の攻撃をも予想して居らぬ。従って源平時代に源氏の軍が京都へ迫ってくると、平家は当然のこととして京都を捨てて福原へ移った。南北朝時代にも、京都が攻められそうになると、後醍醐天皇は京都を捨てて叡山へ籠られた。楠正成は、その戦死の前に、この当然のやり方を提議して容れられず、やむなく戦死を覚悟して兵庫に向ったのであった。応仁の乱の時には、この常法を守らず京都を戦場としたために、京都は一時消滅して、政治の中心地はそれぞれの分国に散った。

この状態に対して、京都を再び都たらしめようと企てた織田信長は、京都を占領すると間もなく京都に城を作った。京都が防備の設備を持ったのはこれが最初である。次で秀吉は京都に土塁を作った。御土居と呼ばれているのがそれの残片である。しかしこれらは京都における武将の根拠地として、或は根拠地を守るために、作られたのであって、皇居に防備が施されたわけではない。信長以後、「御所」は復興されたが、その際御所の伝統は少しも破られなかった。

以上の如く、皇居と武将の居城とは、日本においては意識的に区別されていた。それが千何百年かに亘る伝統であった。然るに明治維新の指導者たち、即ち勤王を標榜する諸藩の武士たちは、この区別を無視したのである。それは江戸遷都と結びついて、おのずからに実現されたことであったかも知れない。

遷都論は幕末志士の間にすでに行われていたという。安政年間に真木和泉守は大阪遷都を主張した。明治元年正月には大久保利通も大阪遷都を提議した。しかしその元年の三月十四日に、西郷隆盛と勝安房との会見で江戸開城ときまり、四月十一日に官軍が江戸城に入った。この形勢に裏づけられて、江藤新平その他の江戸遷都論者が勝を占め、七月十八日に江戸を改めて東京と称することになった。その八月二十七日に明治天皇即位の儀が京都で行われ、九月八日に明治と改元されたのであるが、間もなく九月二十日に明治天皇は京都を出発され、十月十三日に東京へ着かれた。この時江戸城を皇居とし、東京城と改称されたのである。

この時表面では東京への行幸と称していたので、世間ではまだ遷都と解していなかったらしい。

それに合うように明治天皇は十二月に京都へ還幸され、皇后の冊立などのことを行われた。そうして翌二年三月に再び東京へ来られる時にも、東京への行幸と称した。京都市民などは、やがてまた遷幸されることと考え、遷都とは思わなかったと言われている。

こういう事情から考えて、江戸城を皇居としたのが一時の便宜のためであり、皇居を防備あるものにしようという考から出たものでないことは明かである。

然るに、一時の便宜のために皇居として選ばれたその江戸城は、日本に現存する城のうちの最も規模の大きいものであった。この種の城の様式は通例信長の安土城に始まるといわれている。つまり日本の戦国時代が最後に押し出して来たものである。尤も、天守と呼ばれる櫓の様式だけを取っていうと、安土城よりも七八十年も前に既に始まっていたといわれるが、しかし堅固な城壁や深い濠を以て防備するという新しい築城のやり方は、鉄砲や大砲による攻撃に対して考え出されたものであろう。そうしてその鉄砲戦術を最初に有効に使ったのは信長にほかならないのであるから、新しい築城術が信長に結びつけられているのも、根拠のないことではなかろう。ところで信長のそういう新しい考を、信長以上に大きく実現したのが、豊臣秀吉であった。城においてもそうであって、安土城に示された考を一層大きく実現したのが大坂城であった。巨石を以て築いた城壁、深い濠。それらによって防備された本丸、山里丸、二の丸、三の丸は、合せて百万坪以上あったという。しかしこの巨大な城は、慶長の末の大坂冬の陣のあとで大半破棄され、残った部分も翌年夏の陣で焼き払われた。その後大坂城として存続したのは、元和以後に修築されたもので、秀吉の大坂城ではなかった。この秀吉の大坂城に比べると、江戸城は、本丸、二の丸、三の丸、西の丸、吹上郭などの総面積が三十万坪に過ぎないので、規模は大分小さい。また濠に面した城壁も、自然の崖或は土居になっている部分が多く、石垣の部分にも大坂城のような巨石を使ってはいない。だから城によって巨大な権力を示すという点では、大坂城よりも遥かに慎ましい感じを与えた。しかしそれでも城としての規模は世界有数の大きいものである。将軍の威容を示すには十分であったであろう。

このような武将の城、武備によって権力を誇示する城が、突如として皇居とされ、それが続いている間に、いつの間にか皇居が「宮城」に変質して行った。この変質と同時に天皇の将軍化、即ち大元帥化が行われ、天皇は軍服姿で国民の前に現われられることになった。観兵式とか大演習とかが毎年そういう機会を提供した。天皇のこの将軍化に伴って、皇族も皆軍人になられる。かくして、憲法における統帥権の独立ということが、この傾向の法律的表現となったのである。

これらはあくまでも明治維新後の現象であって、それ以前千数百年に亘る日本の伝統には全然見られなかったことである。われわれはこの変質の行われた後に生れたのであるから、天皇は初めから「宮城」や「軍服」と結びついて教え込まれた。京都御所の担っている意味、即ちあくまでも「武備」を持たない、最高のみやびの場所としての内裏の意味は、あまり教えられなかった。しかしそれが源氏物語などと連関して永い間日本の伝統の王冠をなしていたことは隠れもないことである。室町時代のような、武家の跋扈した時代にあっても、武家たちの間の教養の準則となったものは、源氏物語などの描いているみやびであった。今川了俊などという大名がそのことをはっきりと示している。そういう傾向は当時一般の民衆の間にもしみ込んでいたらしく、この時代の社寺の縁起物語などにはいろいろな形でそれが現われている。その一つの例として三島明神の縁起を物語る『みしま』をあげることが出来るであろう。この物語のなかに、「四国より民どもあまた、七さいしょ詣でに都へ上りたるが、内裏を拝みまいらせて、田舎の物語にせんとて」御所の垣外へやってくる箇所がある。ちょうどその時に、みかどの寵愛を受けている玉王が、前栽の花を見て遊んでいたのであるが、その姿を垣外から感嘆して眺めていた人たちの中の一人が、突然あの上臈を知っていると言い出し、垣外で声高く議論をはじめた。玉王は築地の側でそれを立ち聞きして、自分が驚にさらわれて伊予から阿波へ持って来られた子であるということを初めて知るのである。この描写によると、内裏は垣外から中の見えるような、また築地の中にいて外の往来で話していることの聞き取れるような、簡素なものであるが、しかしそれにもかかわらず、そこは「拝む」に価する場所であったのである。

日本の民衆の間におけるこういう感じ方は、内裏雛というものによく現われていると思われる。天子や皇后をこういう姿において愛する風習は、江戸時代初期以来のものであるらしいが、非常に根強く一般に広まっていたのである。これは天子を軍服姿で見る立場とは非常に違う。

天子を軍服姿で現わすのがいかに日本の古い伝統と異なったものであるかを示しているのは、

平家物語の重盛諫言の場である。ここでは重盛が、父清盛に対して、太政大臣たるものが武装するなどということは、道に外れていると言って非難しているのであって、天子の武装を論じているのではないが、しかし太政大臣の武装を非とするのは太政大臣が天子の道の師であるべきであって武人であるべきではないからである。そうして天子が道の師を必要とするのは、天子の統治が則天御寓であるべきだからである。天に則って統治するのは、徳を以て治めることにほかならない。これは天子という概念の核心をなす考だと思われる。スメラミコトを天皇という漢字で現わし始めた時に、すでにこの考は摂取せられていたであろう。それは、天皇を大元帥とする考とは、全然別のものである。

（『講座　現代倫理　第十一巻　転換期の倫理思想（日本）』一九五九年一月）

編集付記

一、本書の本編（3～94頁）は一九四八年に勁草書房から刊行された和辻哲郎『国民統合の象徴』を底本とした。
二、今回の刊行にあたり増補した佐々木惣一著作分（98～241頁）は一九五七年に有斐閣から刊行された『憲法学論文選』二に所収された『天皇の国家的象徴性』を底本とした。和辻哲郎著作分（244～261頁）は筑摩書房から一九五九年に刊行された『講座　現代倫理　第十一巻　転換期の倫理思想（日本）』に所収された特別寄稿を底本とした。
三、各初出は解説の*14*～*15*頁を参照。
四、旧字旧仮名は新字新仮名に改めた。明らかな誤字・脱字は訂正した。
五、本文中に示された該当箇所は、亀甲括弧〔　〕内に算用数字で記した。
六、当時の国名を示す呼称があるが、時代背景と原著作者が故人であることを鑑み、そのままとした。

中公
クラシックス
J70

国民統合《こくみんとうごう》の象徴《しょうちょう》

和辻哲郎

2019年4月10日発行

発行者　松田陽三

印　刷　凸版印刷
製　本　凸版印刷
DTP　平面惑星

発行所　中央公論新社
〒100-8152
東京都千代田区大手町 1-7-1
電話　販売 03-5299-1730
　　　編集 03-5299-1740
URL http://www.chuko.co.jp/

訳者紹介

和辻哲郎（わつじ・てつろう）
1889（明治22）年、兵庫県に生まれる。哲学者・文化史家。姫路中学、第一高等学校を経て、1909（明治42）年、東京帝大文科大学哲学科入学。在学中に第二次「新思潮」に参加、谷崎潤一郎らと文学活動を続ける。卒業後、京都帝大助教授を経てドイツ留学、1931（昭和6）年同大教授。1934（昭和9）年に東京帝大教授となり1949（昭和24）年退官する。翌1950（昭和25）年、日本倫理学会初代会長、1955（昭和30）年文化勲章受章。1960（昭和35）年没。主な著書は、大和古寺巡りのブームを起こした1919（大正8）年の『古寺巡礼』の他、『日本古代文化』『風土』『倫理学』（全三巻）『鎖国』『日本倫理思想史』など、また『和辻哲郎全集』（全25巻・別巻2）がある。

Published by CHUOKORON-SHINSHA, INC.
Printed in Japan　ISBN978-4-12-160183-4　C1212

■「終焉」からの始まり
――『中公クラシックス』刊行にあたって

　二十一世紀は、いくつかのめざましい「終焉」とともに始まった。工業化が国家の最大の標語であった時代が終わり、イデオロギーの対立が人びとの考えかたを枠づけていた世紀が去った。歴史の「進歩」を謳歌し、「近代」を人類史のなかで特権的な地位に置いてきた思想風潮が、過去のものとなった。

　人びとの思考は百年の呪縛から解放されたが、そのあとに得たものは必ずしも自由ではなかった。固定観念の崩壊のあとには価値観の動揺が広がり、ものごとの意味を考えようとする気力に衰えがめだつ。おりから社会は爆発的な情報の氾濫に洗われ、人びとは視野を拡散させ、その日暮らしの狂騒に追われている。株価から醜聞の報道まで、刺戟的だが移ろいやすい「情報」に埋没している。応接に疲れた現代人はそれらを脈絡づけ、体系化をめざす「知識」の作業を怠りがちになろうとしている。

　だが皮肉なことに、ものごとの意味づけと新しい価値観の構築が、今ほど強く人類に迫られている時代も稀だといえる。自由と平等の関係、愛と家族の姿、教育や職業の理想、科学技術のひき起こす倫理の問題など、文明の森羅万象が歴史的な考えなおしを要求している。今をどう生きるかを知るために、あらためて問題を脈絡づけ、思考の透視図を手づくりにすることが焦眉の急なのである。

　ふり返ればすべての古典は混迷の時代に、それぞれの時代の価値観の考えなおしとして創造された。それは現代人に思索の模範を授けるだけでなく、かつて同様の混迷に苦しみ、それに耐えた強靭な心の先例として勇気を与えるだろう。そして幸い進歩思想の傲慢さを捨てた現代人は、すべての古典に寛く開かれた感受性を用意しているはずなのである。

（二〇〇一年四月）